救いの信仰 女神観音

庶民信仰の流れのなかに

小島隆司

青娥書房

救いの信仰　女神《によしん》観音

―庶民信仰の流れのなかに―

はじめに

〝観音さま〟という呼び名は、わたしたちに安らぎを与える。日本人であれば、だれでもが観音の名を知っている。日本人だけではない。中国や台湾、それに韓国の人々も、さらには仏教が伝播したいずれの国の人たちも観音の名は知っていよう。

わたしたちは、まいにちの生活において、さまざまな感情のなかで〝生〟を営んでいるが、観音は、常に、わたしたちのそばに親しく寄りそっている。

わたしたち庶民にとって、観音は女性であり女神である。わたしたちをその悩みや悲しみから救ってくれるのは、天にあってわたしたちを見下ろす神ではない。わたしたちと同じ地にあって、わたしたちと同伴する〝女神観音〟こそが求められる。また、わたしたちが喜びや楽しくあるときも、〝女神観音〟は喜楽をともにし、わたしたちが怒りにあるときはそれを静めてくれる。

本書は、観音が、インド、中国、日本など、いろいろなところで女性ないし女神として現れ、それがどのように展開したのかということ、そして女神として示現した観音がわたしたちとともにあることについて、検討したものである。

本文のところどころに石仏の写真を挿入したが、それこそ読者の方々もはじめてご覧になるような石像であろうかと思う。これは、わたしが日本石仏協会の会員であることもあり、「庶民信仰として」の像としてはふさわしいと思ったからである。

なお、本書をまとめるにあたり、多くの方々の著作を参考にさせていただき、引用もさせていただいた。深く感謝申し上げるとともに、引用のほどを甘受くださるようお願い申し上げます。

もくじ

第三章　インド・チベット・ブータン・ネパールにおける仏教信仰と女神観音

第四章　中国・台湾・ベトナム・朝鮮半島における仏教信仰

第一章　女神《にょしん》観音信仰

第一節　庶民の観音信仰

観音は、わたしたちの願いを、どのような小さな願いであっても、叶えてくれる慈悲にあふれた菩薩である。

観音経（妙法蓮華経観世音菩薩普門品第二十五）によれば、

仏《ほとけ》は、無尽意菩薩《むじんにぼさつ》に告ぐ。善男子《ぜんなんし》よ。もし無量《むりょう》の百千万億《ひゃくせんまんのく》の衆生《しゅじょう》ありて、もろもろの苦悩《くのう》を受《う》けんに、この観世音菩薩《かんぜおんぼさつ》を聞《き》いて、一心《いっしん》に名を称《しょう》すれば、観世音菩薩は即時《そくじ》にその音声《おんじょう》を観《かん》じて、みな解脱《げだつ》を得《え》せしめん。

聖観音　東京都目黒区行人坂　大円寺

と、観音を心から頼り、〃南無観世音菩薩〃ととなえるわたしたちの解脱を保障し、そして、観音の力を念ずれば（念彼観《ねんぴーかん》音力《のんりき》）、火難、水難、風難、刃杖難、鬼難、枷鎖《かさ》難、怨賊《おんぞく》難の七難を免れることができ、貪欲（物欲・金銭欲・食欲が強く、手に入れたものではなかなか満足せず、さらに欲しがること）、瞋恚《しんに》（怒りうらむこと）、愚痴（愚かでものの理のわからないこと）の三毒を離れることができ、また、女性にとって、男の子がほしければ福徳智慧をそなえた子を授けてくれるし、女の子を望むなら端正有相《たんじょううそう》（行状、容姿が正しくきちんとととのっていること）の子を与えてくれる。かくして観音経は、

無尽意《むじんに》よ。観世音菩薩《かんぜおんぼさつ》にはかくのごとき力《ちから》あり。もし衆生《しゅじょう》ありて観世音菩薩を恭《く》敬《ぎょう》して礼拝《らいはい》すれば、福《ふく》は唐捐《どうえん》ならず（その功徳が得られるに違いない）。このゆえに、衆生はみなまさに観世音菩薩の名号《みょうごう》を受持《じゅじ》すべし。

と、観音信仰を奨励する。[1]

このような七難即滅七福即生の利益《りやく》を与え、わたしたちを慈悲のこころをもって導いてくれる観音が、仏教、特に大乗仏教が伝播された地――中国や日本など――で広く信仰され、親しまれたのは当然であろう。

こうして観音経は、

眞観清浄観《しんかんしょーじょーかん》　廣大智慧観《こーだいちーえーかん》
悲観及慈観《ひーかんぎゅーじーかん》　常願常瞻仰《じょーがんじょーせんごう》
無垢清浄光《むーくーしょーじょーこう》　慧日破諸闇《えーにちはーしょーあん》

能伏災風火《のーぶくさいふーかー》　普明照世間《ふーみょーしょーせーけん》
（真実の目で観、清浄な心で観、広大な智慧の心と眼で観、悲の心で観、慈の心でこの世の一切を観ている観世音菩薩を、いつも心に念願し、いつも仰ぎ見るがよい。

垢れなき清浄な光をもつ太陽のごとき智慧ある観世音菩薩は、その光をもって多くの生きものの心の闇を破り、天災と人災がもたらす風と火を鎮めて、あまねく明々《あかあか》とこの世を照らすのである。）

と、観音を賛美する。(1)

また、浄土宗などでよく読誦される無量寿経によれば、観音は勢至菩薩とともに阿弥陀如来の脇侍としてわたしたちを死後に極楽世界へと導いてくれる。

かように観音は、衆生つまり庶民に救いと安らぎを与えてくれ、種々の現世利益を授けてくれるうえ、来世の安穏をも叶え、現当二世安楽を保障してくれる。

このような観音は、日本では、少なくとも庶民にとって、昔より女神ないし母神として信仰されてきたものである。

この点について、門馬幸夫氏は、

……とりわけ観音信仰の最大の特徴といえるものは、それが女性的な仏さま、母神的仏さまであるということである。いわば女性的原理にたつ仏さまということであろう。

……実際にそれが信仰される段階では、観音がさまざまに豊かなものを与える永遠の仏さまであるというところから、同じようにわれわれに豊かなもの、すなわち永遠の豊《ほう》饒《じょう》を与える母性を象徴した仏とみなされるようになり、観音が、豊かなものを約束する、永遠の慈愛に満ちた母性的な仏さまとして信仰の対象になってきた。

と論じ[2]、山折哲雄氏も、

……観音菩薩は、慈母観音・悲母観音といわれるように、仏の慈悲と母の慈愛を一身に体現する本尊として崇められてきた。理想的な女性のイメージを仏教化したもので、キリスト教世界の聖母マリアに対応するものといってよいだろう。

観音　静岡県御殿場市　富士平和公園

と[3]、観音が女神ないし母神であることを当然としている。

そして沼義昭氏も、観音の女神性を是認し、

……日本に古くから伝承されてきた山や水の女神たちの救済の働きを、あらためて活性化したものが仏教の観音であった……。その仕事を遂行した

人々は、各宗・各山の碩学・学僧ではなく、無名の下級僧侶、遊歴の説教僧、漂泊の巫女たち、同じく常に旅の空の下にあった芸能者たちであった。……おそらく、日々の生活のみじめさ・つらさの下にあって、それからの脱出を願い、自らの転身・変身を宗教的世界に夢見るとき、そのバネとなったのは、わが身を人界に送り、はぐくみ育ててくれた母の慈愛と暖かさであったろう。

と、[4]苦のなかにあるわたしたち庶民に対し、女神・母神である観音の救いを指摘する。

日本において、とりわけ庶民層のあいだで、観音はこのようにわたしたちの心に安らぎを与え、優しさをもつ女神ないし母神として受け入れられてきたものであり、観音信仰は、〝女神観音信仰〟として庶民にささえられて深く浸透していったものである。そして今も、観音は庶民のうちで女神・母神として崇められ頼られている。

第二節　女神観音の誕生

（ⅰ）〝正統〟仏教における観音の性別

〝正統な〟仏教において、女性を男性よりも下位にみる考えとして、女人五障説といわれる教説がある。女人は、梵天・帝釈天・魔王・転輪聖王《てんりんじょうおう》・仏身の五身になることはできない、とする教説である。

このため、女性が仏身になるには、現世において、あるいは浄土に生まれてから、男身を得ることが必要であり（変成男子《へんじょうなんし》説）、法華経提婆達多品《だいばだったほん》には、娑竭羅《しゃがら》龍王の八歳の娘・龍女が男身を変じたのち、はじめて等正覚に達し、仏身を得たことが説かれている。つまり、女性は仏になることが可能であるとしても、女性の身のままでは直接仏になることはできず、男身を介することが必要で、男身を得てはじめて仏身を得ることができる、というものである。

このように、仏はもとより、仏になるための修行中である菩薩も男性身でなければならず、観音も仏教界のなかでは菩薩であるから、〝正統〟仏教においては当然男性とされるものである。事実、観音像の多くは髭をたくわえている。

もともと観音は、サンスクリット語で「アヴァローキタ・スヴァラ（観世音）」、あるいは「アヴァローキテーシュヴァラ（観自在）」といわれるが、これらの語は男性名詞であるから、観音はこの点からも男性とされる。

実際、後藤大用氏が『観世音菩薩の研究』のなかで指摘しているように、

第一に観世音（avalokita-svara）または観自在（avalokiteśvara）という名号に対する言語学的解釈から、

第二に安楽世界に女人なしと看過した原始仏教の立場から、

第三に仏も観音を善男子と呼んでいる古経典より観察して、

第四に本生譚より考察して、

これらの点より考え検討して、観世音菩薩の原始的本相は男性神格であったに相違ないと推断せられる。

ものであり、(5) 観音が男性であることは仏教学では常識であろう。

にもかかわらず、観音をあらわす像容がしばしば優しげな女性的な風貌を呈することから、庶民信仰の場では、観音は女性か男性かということがしばしば問題になる。この場合、如来や他の菩薩についてはその性別が問われることはほとんどない。

釈迦は実在した男性であったから性別が疑問視されることはなく、如来である阿弥陀や薬

薬師如来
東京都目黒区行人坂　大円寺

普賢菩薩
長野県諏訪大社上社本宮近くの寺院・法華寺

師、大日などについても男性か女性かが問題になったことはない。地蔵、文殊、普賢などの菩薩についても男女の別は問題視されない。

もっとも、地蔵菩薩がインドの地神信仰に由来するものであるとすると、「地」が女性原理をあらわすことからすれば、もとは大地母神であったと考えることもできる（ちなみに地天は女神である）。実際、地蔵はインドの地母神に由来し、梵語でクシチィガルパといい、クシチィは「地」、ガルパは「胎」あるいは「子宮」の意であるという[6]。しかし多くの場合、地蔵は比丘の姿で男性として現れる。しかも、「勝軍地蔵」として鎧兜をまとった姿で現れる場合さえある。

普賢菩薩は、象に乗った態様で現れることが多い。この場合、釈迦の脇侍として獅子に乗った文殊菩薩とともに現れたり、また普賢十羅刹女をしたがえて現れたりするが、普賢菩薩については特に次の逸話がある。

藤原道長や和泉式部からも帰依されたといわれる姫路・書写山円教寺の性空《しょうくう》上人が生身《しょうじん》の普賢菩薩をみたいと祈願したところ、摂津国神崎（江口）の遊女の長者（娼家の女主人）が普賢菩薩であるとの夢のお告げがあり、上人が訪ねみると、長者は遊女の姿であるが、目を閉じると普賢菩薩が六牙《ろくげ》の白象に乗って示現している姿であったという話がある。(7) これに関連して、鈴木春信や円山応挙に江口の遊女が白象に乗った〝江口の君〟という浮世絵もある。このように普賢菩薩が女性として現れる場面もあり、普賢菩薩は柔和な女性的な像容にあらわされるが、普賢菩薩についての性別が特に問題にされることはない。

これに対し、観音は〝正統な〟仏教教義においては、上述したとおり男性であり、あるいは男女の別を超えた存在であるともいわれるが、中国や日本において、庶民信仰の場では、現世でさまざまな利益《りやく》を授けてくれる抜苦与楽の観音は、女神として現れ信仰されているものである。

なお、冒頭で述べた五障や変成男子の教えは差別的な思想であることを吉田一彦氏らは論ずる。それは「救済」という概念自体が差別的であるとし、……男と女を同列には扱わず、特に女性のみを区別して、何だかんだと言った挙げ句に、救ってやる（女人救済）というのは、どう考えても、いかがわしい差別の教えであるとしなくてはなりません。単に差別して排除する思想よりも、かえってたちのよくない教えだと思われます。

と主張する。[8] 確かに、五障についてはいうまでもないが、変成男子の教えも、女性が男性に成らない限り成仏ができない（救われない）とする以上、差別以外のなにものでもない。この場合、五障や変成男子の思想は最澄や空海の著作のなかにもみられるが、野村育世氏の研究によると、一般の女性たちは鎌倉時代になっても五障や変成男子をほとんど意識せず、一般の人々にこれが広まるのは室町時代以降のことであるという。[8]

つまり、古代社会において、一般庶民の場では、女性差別の思想は広まっていないものであり、それが広まったのは近世社会になってからということであるとすると、もし現代でも女性差別があるとしたら、古代の一般庶民を見習うべきであろう。

（ii）観音の起源

観音は、紀元前後に生まれたとされる大乗仏教のなかにおいて、一世紀半ばないし二世紀

白衣観音　福島県喜多方市　願成寺

頃に出現したと考えられているが、それ以上のこと、たとえば生まれいでた経緯などはわかっていない。ただ、観音の起源については諸説あるものの、観音の起源が女神であったことは多くの論者が述べているところである。

岩本裕氏は、イランの水の神である女神アナーヒターが現パキスタンのガンダーラ地方で受容された姿である、女神ナナイア、あるいはアルドフショーが観音の起源であると指摘している[9]。

一方で、観音がインドの女神に由来するという説や、シヴァ神の影響を指摘する説も多い。たとえば、沼義昭氏は、

> 大乗仏教はその大衆性の故に、インドの民衆宗教に根強い女神信仰（ドゥルガー、カーリー、パールヴァティー、無名の樹神、また南インドに広く分布する村の女神たち等々）を取り入れて、観音という菩薩の人格を創り出したと推測するのである。

という[10]。

これらに対し、彌永信美氏は、
観音の起源自体は、第一に大乗仏教の成立と展開という大きなコンテクストの中で考えるべきであり、また他の宗教との関連としては、シヴァやブラフマー（またはブラフマー・サナトクマーラ）あるいは太陽神スーリヤなどのインドの神格やイランのミスラ、さらにはクシャーナ朝の複雑な宗教混淆の中で現われた各種の（おそらくは女神も含めた）神格など、あらゆる宗教的・神話的表象の影響も考慮すべきだろうが……、そのうちの一つに特権的な意味を与えることは、少なくとも現在の知識では危険であるように思われる。

と注意をうながす[11]。

確かに、観音の起源については推測でしかなく、観音が女神を起源にするといっても、どのような女神に由来するのかも定かではない。しかも、初期の仏像がパキスタン・ガンダーラ地方やインド・マトゥラーで生まれたといわれているが、そこでみられる観音像はすべてが男性像であり、観音の起源が女性神であるとした場合、どのような経緯で観音男性像が現れたかも不明である。むしろ、後藤氏が上記のとおり「観世音菩薩の原始的本相は男性神格であったに相違ない」と推断したように、観音は当初から男性としてあったと考えることもでき、その後の進展、特に中国や日本における観音の女性化のなかで、観音女神起源説が称えられるようになったと考えることもできる。
しかし、いずれにしても観音からは女性性が感知されることから、観音女神起源説にうなずいてしまうのも確かである。

(iii) 観音の女性性

観音は、水瓶や蓮華を手にしていることが多い。西上青曜氏は『観音図典』のなかで、観音の起源がアナーヒター女神であるとする説に関して、

このアナーヒター女神は、地方によって民族によって呼び名がいろいろに変る。クシャーン族の場合、ナナイア（Nanaia）女神とかナナ（Nana）女神、あるいはアシ・オアフショー女神から転訛したアルドフショー（Ardoxkṣo）女神の名前である。

こうした女神像もクシャーン王朝の通貨に現われる。ナナイア女神もアルドフショー女神も豊穣・豊饒の女神であり、人々に繁栄と栄光をもたらす女神である。古代イラン（ペルシャ）とインドの中間地点だったガンダーラ地方に、こうした女神信仰があり、クシャーン族が大挙して仏教に改宗するに際して、自分たちの女神信仰を大乗仏教の中に組みこんだのではないか、これが観音誕生の背景と思えるのである。

蓮華をもつ観音
東京都目黒区行人坂　大円寺

とし、アナーヒター女神については、

アナーヒター女神は水の神であることから、水瓶を持つ姿で表わされる。水は生命源であり、新しい生命を産む。生命を産むのは女性であり、アナーヒター女神は汚れなき魅力的な乙女の姿をとる。多産は豊穣・豊饒につながり、灌漑を増大し、家畜を増やし、耕地を増やし、富を与え、領土を増大する。

生命は性から始まるが、この女神は女たちに安産を与え、男には勝利を与える。また、この女神は時として男装して戦闘をし、悪を滅ぼすという大活躍をする。その功徳は、私たちの知っている観音に、あらゆる点で共通するものを持っている。

観音はその初期、水瓶を持つ姿であり、水に関係の深い蓮華を持つ場合もあり、水との関係は極めて深い。元・水神であったことは十分に推察でき、後世の観音の変化身にも、それは色濃く表われている。

と指摘する。さらに、

全ての人間の生命は女性が産みだし、生命は女性の子宮に宿る。そこから人間の繁栄が始まるのであり、そのことは何にもまして神聖なことであり、清浄な繁栄である。女性の子宮は、蓮の花の蕾であり、開花は出産、神聖な誕生である。そのことから、蓮は生産・豊穣をもたらす女性の性のシンボルとなるのである。

その蓮華を持つ神は、女神の方が似つかわしい。同じインドで発達したヒンズー教の方では、蓮華を持つのは女神であり、中でもシュリー女神から発展したラクシュミー女神（吉祥天）が有名である。このラクシュミー女神も仏教の観音の一部をなしているのであるから、関係は深い。

と述べる。(12)

この場合、特に蓮華について、彌永氏は、

蓮華の象徴が、このように「産出するもの」としての大地、水、その豊饒性、女性性を示唆するものであり、それが古典的な大乗仏教の時代以来つねに観音のイメージに密着していたということは、観音における女性的要素、とくに後の中国—日本での観音自身の女性化を考える上で、きわめて重要な論点の一つであることは疑いないものと思われる。

と指摘している(11)。

このように蓮華は女性性を示すものであり、蓮華が女性性を示すとすれば、蓮華をもつ観音は女神であろう。

また、特に飛鳥時代や白鳳時代につくられた観音はしばしば宝珠をもつ。たとえば、辛亥《しんがい》年（六五一）銘を有する日本における最古の観音像や、法隆寺の救世観音は宝珠をもっている。宝珠は願いに応じて宝物をだし、また苦しみを除く力をもつとされているが、後藤大用氏によれば、これは宝珠ではなく団子であり、団子は古代インドの風俗では祖先の神霊に供えるために米

宝珠（団子）をもつ観音
神奈川県鎌倉市　建長寺

の粉で拵《こしら》えたものであるという。そして団子については、村里に乞食《こつじき》にまわっても一粒の施物も得られなかったシヴァ神に対してドゥルガー女神が団子をつくって供養したものであって、

……女神は印度において現実生活の守護神とせられ、これを崇拝するものは何人といえども、食物に不足することが無いという信仰を生ずるにいたったのである。観世音菩薩の団子の持物も恐らくは女神信仰のこの神話に起因せるものであろうと思われる。

と指摘する(13)。

先にも述べたように、観音がどのような経緯で出現したのか、またどのような女神から誕生したのかはもちろん、女神から生まれたのか否かということさえ不明であるとしても、水瓶、蓮華や宝珠（団子）をもつ観音は女神とみなされるものである。

この点について、瀬戸内寂聴氏も、

観音さまは常に蓮華の蕾や、水瓶《すいびょう》を持っていますが、これは二つとも女性のシンボルで、母胎とか、子宮を象徴しています。母性の象徴と考えてもいいでしょう。母性はまた慈悲のシンボルです。

また母性は万物を産み出す創造の力をそなえています。生産の根源と考えられます。同時に、母性は万物を育てるシンボルでもあります。人は誰しも母を慕い、母性に甘え

すがりますね。観音像の美しさ優しさは、そういう母性への人の憧れをあらわしているものだと思います。私は美しい観音さまの絵や仏像を見るたび、それを描いたり、彫ったりした作者は、きっと、愛する母や、妻や、恋人をモデルにしたのだろうと想像します。日本人は伊邪那美命《いざなみのみこと》が国を産んだという神話を持っていますし、天照大神《あまてらすおおみかみ》は太陽を象徴していて、やはり万物育成のシンボルと崇めています。女神を信仰する精神風土を持っているわけです。そこへ仏教が伝わり、観音さまという美しい女性的な姿の仏さまがあらわれたのですから、すぐ馴染み親しんでいけたのでしょう。

と述べるところである。(14)

慈母大観音
福島県会津若松市　法国寺

(iv) 中国・日本における観音の女神化

仏教が中国に伝来すると、観音は伝来早期から比較的速やかに女性化する。彌永氏は、この点について、

「中国では、およそ六世紀半ば以

降、観音菩薩が何らかの意味で女性として表象されることがあった。」

「中国の観音菩薩が、遅くとも十一世紀ころからは一般に女性として表象されたことである。」

「中国では、遅くとも十五、六世紀以降、少なくとも民間信仰的な次元では観音菩薩は非常に広汎に女性神として表象されたと考えられる」

と述べており[15]、また中国では、後述するように、妙善説話や魚籃観音説話が観音女性化を表象し、さらに観音が道教化して娘々《にゃんにゃん》神として祀られるようになることからみても、中国および台湾では観音は女性（女神）とみなされている。

一方、日本について、彌永氏は、
さて、それでは、日本ではいったいいつ頃から、どのような経緯を経て、観音菩薩を女神として表象するようになったのだろう。一般に、日本の女身観音信仰は、たんに中国の女身観音信仰の延長線上にあるものと考えられていて、これまでとくに問題とされることもなかったように思われる。巨視的に見れば、それはある程度事実であって、中国で観音が女性視されることがなければ、日本でもそうしたことは考えられなかったと言えるかもしれない。しかし、……日本で妙善説話や魚籃観音説話、あるいはそれに相当するような説話が広く流行したことはかつてなかったという一事をとっても、中国と日本での観音女性化の過程は明らかに異なっている。

と指摘するとともに、『日本霊異記』や『今昔物語集』で観音が女性として現れることを挙げ、「日本では九世紀初頭という早い時期に、すでに観音が女性として現れる説話がつくられており、遅くとも十二世紀初頭にはそれが一般化して、」と考察しつつ、「日本では、現代に至るまで、観音の性別は（一般的には「女性的」と見る傾向が強いものの）多く曖昧なままにされてきた。」と指摘している。(15)

実際、日本において、観音が女性ないし女神として現れる場面があっても、文献的に観音を女性ないし女神として明確に断定した例は少ないと思われる。

しかし、日本においても、中国における観音女神化の影響もあると思われることから、庶民信仰では観音は実質的に女神としてとらえられており、後藤大用氏も、

> 近代における観音信仰の傾向をみるに、観世音菩薩を母性の権化として信仰し崇拝しようとなしつつあるように思われるが、それには可成り力強い思想が流れているようにみうけられる。すなわち観世音は絶えざるエネルギーの源泉であり、真実の意味における絶対的永恒性であるからであろう。母親が子女のために絶えず慈念を注ぐのは、まさしく母性愛の絶対化であり永恒化である。しかもこの母性愛そのものが我等を均しく永恒性へと導きゆくのである。惟うに、子等のために無条件に愛している母親ほど壮烈に

して且つ真美なるものはないであろう。慈悲によって愛情を充足しゆくこの自律的な「すがた」こそ、なんというても気高い現実の観世音菩薩に外ならない。母親は——観世音菩薩は——永恒にわれらのうちにあって、われらを永恒の浄土へと導きゆくのである。初め印度において男性神格として崇拝せられた観世音菩薩が、漸次女性の神格として礼仰せられ、それが支那・朝鮮を経て本邦に伝わるに及んで、母性の権化として瞻仰礼讃せられるようになったのも、蓋しその永恒絶対性によるものであろうと思われる。と、観音の女性化ないし女神化を実質的に肯定しているものである。(13)

慈母観音（マリア観音）
埼玉県秩父市　金昌寺

思うに、キリスト教においてマリア信仰が生みだされた(16)ように、宗教にとって、特に庶民信仰においては、女性神が必要であるのであろう。これは古代の大地母神信仰に由来するのかもしれず、そのような信仰の流れのなかで、特に日本においては、如来と同視しうる菩薩であり、慈愛に満ちた、わたしたちを抱擁し

てくれる観音を女神ないし母神としてあがめたのであろう。大隈和雄氏も、

……日本人の、母、母神に対する信仰は、仏教の受容の後は、観音信仰という仏教的な外被をまとって、日本文化の中に大きな位置を占め、それは想像を超える深さと広さを持つようになったと考えられる

と指摘しているところである。(17)

【註】

1 観音経事典編纂委員会編『観音経読み解き事典』柏書房（2000年）17・23・42・47頁

2 門馬幸夫「観音信仰」〔『図説日本仏教の世界⑧観音・地蔵・不動』に所収〕集英社（1989年）58頁

3 山折哲雄「庶民信仰のかたち」〔前掲2に所収〕5頁

4 沼義昭『観音信仰研究』佼成出版社（平成2年）112頁

5 後藤大用『観世音菩薩の研究』山喜房佛書林（平成17年）93頁

6 宮次男「地蔵信仰」〔前掲2に所収〕78頁

7 彌永信美『観音変容譚　仏教神話学Ⅱ』法蔵館（2003年）290頁

8 吉田一彦『古代仏教をよみなおす』吉川弘文館（2006年）189・205頁

9 岩本裕『観音の表情』淡交社（昭和43年）180頁

10 沼義昭　前掲4　180頁

11 彌永信美　前掲7　614・297頁

12 西上青曜『観音図典』朱鷺書房（１９９２年）33〜34・40頁
13 後藤大用 前掲5 96〜97・94頁
14 瀬戸内寂聴『愛と救いの観音経』嶋中書店（２００６年）23〜24頁
15 彌永信美 前掲7 555・83・553・563・567頁
16 山形孝夫『聖母マリア崇拝の謎』河出書房新社（２０１０年）21頁には、「求められているものは、硬直した父権的正義に代わる母なる大地の生命原理であり、男性優位の個人主義に代わる柔らかな共生の原理ではないか。悲しみの聖母マリアのイメージが喚起するものは、大地母神崇拝にさかのぼる母なるものの始源の祝祭ではないか。」と記されている。
17 大隈和雄・西口順子編『シリーズ女性と仏教4 巫と女神』平凡社（１９８９年）309頁

第二章　仏教の伝播——インドから中国へ

第一節　仏教の成立

仏教は、釈迦（ゴータマ・シッダルタ）を開祖としてインドで成立した。

釈迦は、シャカ族のスッドーダナ王（浄飯王《じょうぼん》）の妃マーヤー（摩耶夫人《まやぶにん》）の胎内に兜率《とそつ》天《てん》から六牙《ろくげ》の白象《びゃくぞう》が入る夢をみて懐妊したといわれ（白象降下、霊夢托胎）、ネパールのインド国境に近いルンビニーの地で母マーヤーが無憂樹の花をとろうと右手を差し伸ばしたときに右脇から生まれでたといわれている（インドの習俗は右を浄とする）。誕生した釈迦は四方に七歩づつ歩み、右手で天を、左手で地を指し「天上天下唯我独尊」と宣言した。

なお、母マーヤーは釈迦の誕生から七日後に亡くなり、それ以後、釈迦は母の妹である叔母マハープラジャーパティに養育され、十六、七歳頃にはヤソーダラーと結婚した。マハープラジャーパティは、釈迦が出家・成道した後のことであるが、釈迦に懇望して出家を果たし、尼僧第一号になった。ヤソーダラーも出家したという。一方、母マーヤーは釈迦が入滅したとき、釈迦の死を悼《いた》んで忉利天《とうりてん》から馳せつけたことが釈迦涅槃図に描かれている。

釈迦は、父王のもとで政務などを補佐していたと思われるが、二十九歳のときに出家を果たす。その動機については四門出遊のエピソードが知られているが、要は自分の思いどおり

誕生釈迦　東京都新宿区　正受院

にならない老病死に代表される苦の克服とインド思想特有の輪廻からの脱却であり、生きることの意味を求めての出家であったと思われる。

出家した釈迦は、苦行を含む種々の修行に励むが悟りにいたらず、最後にインド・ブッダガヤの地で菩提樹下に瞑想に入る。そのとき悪魔が出現して釈迦の悟りを妨害しようとしたが、釈迦は右手を大地に触れる降魔印《ごうまいん》を示し、女神・堅牢地神《けんろうじしん》スターヴァラーの扶けをもかりて悪魔を斥け、成道に至った。釈迦三十五歳のことである。この釈迦の悟りの内容は、自己の存在が縁起によることとの自覚であり、欲望の制御、我と我がものとの固執を否定することにあろう。

このような悟りに達した釈迦は、梵天にすすめられてその思想内容を説法することを決意し（梵天勧請）、以後八十歳で涅槃に至るまで説法を続ける。

なお、釈迦の存世については、紀元前五六〇—四八〇年説と紀元前四六〇—三八〇年説とがある。前者であれば孔子と同世代であり（ちなみに老子は孔子とほぼ同世代と考えられており、荘子はそれより後世代である）、後者であればソクラテスと同時代ということになり、プラトンとは一部重なり、アリストテレスの生誕は釈迦の涅槃の直後である。日本はその頃は弥生時代と考えられている。

第二節　仏教信仰の展開

釈迦入滅の後、釈迦の教えは弟子たちによりインド各地に布教されていった。それに伴い、次第に仏教教団（サンガ）もできていったが、教団のなかで、あるいは教団の間で、釈迦の教えについての意見の相違、戒律や修行態様の点などでの意見の相違が起こり、教団が分裂し、上座部《じょうざぶ》、大衆部《だいしゅぶ》、説一切有部《せつしっさいうぶ》、正量部《しょうりょうぶ》などの部派が生じた（部派仏教）。そして、そのような流れのなかから、紀元一世紀頃には大乗仏教が起ったといわれている。

このように展開された仏教は、主に部派仏教、特に上座部系の仏教がスリランカからタイ、ビルマ（ミャンマー）、カンボジア、ラオスなどの東南アジアに広がり、一方、説一切有部系の仏教や大乗仏教は中央アジアに伝播され、中国にはシルクロードを通って大乗仏教がもたらされた（なお中国へはインドから海洋を通っても仏教がもたらされた——海のシルクロード）。さらに中国から朝鮮半島、日本へと仏教が伝達されたことはわたしたちにとって周知のことであろう。

大乗仏教については、縁起思想を深化させて、一切の実体を否定するとともに、このような実体を否定するというとらわれをも否定する空《くう》の思想（中観思想）を説いた竜樹《りゅうじゅ》（ナーガールジュナ：一五〇—二五〇年頃）が名高い。次いで、潜在意識よりも奥にある意識（阿《あ》頼耶識《らやしき》）を禅定により浄化して悟りを指向する兄・無著《むちゃく》（アサンガ：三九五—四七〇年頃）、弟・世親《せしん》（ヴァスバンドゥ：四〇〇—四八〇年頃）による唯識思想、さらには、ひとは誰でも仏になる種（如来蔵）があるとする如来蔵思想などが展開され、また六八〇年頃には金剛頂経が成立し、以後インドでは密教思想が主流となる。

なお、無著・世親については、運慶の関与した彫刻のなかでも、興福寺北円堂に祀られている無著像と世親像が、写実性と高みに向かう精神性とが融合した素晴らしい彫像であることを付言したい。

このような仏教教義の展開とは別に、特に仏教在家信者における信仰としては、釈迦の遺骨（仏舎利）を部族間で八分割し、仏塔を建てて祀ることがおこなわれ、次いで紀元前三世紀中頃にインドを統治したアショーカ王が仏舎利をさらに分割して八万四千の塔（ストーパ）を建て、在家信者はこのような仏塔を崇めたといわれている。

仏教は、上述したように、インドから、中央アジア、中国、朝鮮半島、日本へ伝えられる一方、東南アジア全域に、またネパールやチベット、ブータンに伝播し、広く信仰されるに至った。

しかし、インドにおいて、仏教は十三世紀初めのイスラム教徒の侵入によって最後の仏教寺院の拠点とされたヴィクラマシーラ僧院が滅ぼされたことで滅亡した。ただ、釈迦自体は、ヒンドゥー教において、ヴィシュヌ神の九番目の化身としていまも信仰されている。なお現在、インドの宗教人口は、ヒンドゥー教徒が八十％程度、イスラム教徒が十数％であり、仏教徒は一％弱であるという。

また、中央アジアの宗教は現在イスラム教が支配し、中国は十二世紀以降朱子学、陽明学が興隆するにおよんで儒学が主流になり、庶民層では道教が主なものになった。朝鮮半島については、朝鮮王国が支配した十四世紀以降は儒教の時代であったが、現在の韓国はキリスト教徒が多く、仏教徒は人口のほぼ四分の一であるという。

日本は、特に江戸時代に取り入れられた寺檀制度が現在でもなお続いており、また葬儀とその後の年回忌は熱心に（?）おこなうことから、日本の仏教は葬式仏教と揶揄される場合もあるが、日本はいまでも大乗仏教国に数えられている。

ここで「葬式仏教」ということに関して、五来重氏は、日本仏教の根底には民間信仰がよこたわっており、日本仏教を「葬式仏教」といってけなすのは、不遜というほかないと述べ、「従来、われわれは仏教を支配者や教団や僧侶の側からばかり見てきた。」、「ことに仏教が思弁的な哲学（教理）であるばかりでなく、民衆の生活における切実な救済（信仰）であるかぎり、庶民側の仏教を切り捨てるわけにはゆかない。」と論じ、また、「この先祖供養ということは、いわゆる仏教にはないことで、まったく日本の民間信仰なのである。」と指摘している。[1] なお、庶民信仰が「思弁的な哲学」と異なるのは、日本だけに限られるものではなく、どこの国でも同じであろう。たとえば、後述するように、観音信仰は中国においては道教と習合し、観音は道教の神（娘々神）として親しみ、崇められてきたものである。

いずれにしても、観音信仰は庶民信仰ないし民間信仰の視点を立脚点とすることが必要であると思われる。

一方で、東南アジア、とりわけ上座仏教が広がったタイやミャンマーにおいて、仏教徒は人口のほぼ九十%程度といわれており、タイなどでは、長期間にわたって修行を続け、悟りに至ったとみなされた阿羅漢や阿羅漢をめざす出家僧が尊崇され、男子の多くはたとえ短期間であっても出家することがおこなわれている。したがって現在、仏教は大乗仏教徒によって以前は〝小乗仏教〟と貶《おとし》められた上座仏教にこそ活気があり、大乗仏教がむしろ衰退しているのが現況であると思われる。もっとも、密教、特に後期密教は大乗仏教に含まれるものであるから、ダライ・ラマ十四世がひきいるチベット仏教およびブータン仏教が大乗仏教として命脈を保っている。

なお、上座仏教に関しては、

こうした上座仏教の理想を一言でいうならば、無執着、つまり欲望（煩悩）から離れることにある。なぜ欲望を離れなくてはならないのか。上座仏教では欲望は決して満たされえないものであって、欲望を追求することは苦しみにしかならないと説く。老・病・死という人間に普遍的な事実をはじめとして、この世界には何一つ自分の思い通りになるものはない。思い通りにならないことに、思いをかけ、期待することは、自分で自分の首をしめるようなものである。したがって上座仏教が求めるのは、欲望から離れることであり、それによって得られる心の平安（涅槃）である。

といわれており[2]、わたしたち個々人としては、まずかかる理想の追求が望まれよう。

第三節　インド・中央アジアの仏教遺跡と観音

大乗仏教の興隆に添うように、現パキスタン・ペシャーワル地方のガンダーラおよびインド西北部のデリーより南側のマトゥラーにそれぞれ紀元一世紀頃には仏像がつくられるようになった。ガンダーラもマトゥラーもクシャーン王朝の支配下にあり、北インドおよび中央アジア支配の拠点がガンダーラ地方であり、中インド支配の拠点がマトゥラーで、これらの地方に仏教文化が栄え、特に二世紀初めから中頃のカニシカ王の時代に仏像制作が本格化した。この場合、ガンダーラの仏像はギリシア彫刻の影響がみられ、マトゥラーの仏像にはヒンドゥー教の影響があるといわれている。

聖観音
神奈川県横須賀市久里浜　長安寺

両地方とも仏陀像（釈迦像）が多くつくられているが、島田明氏によれば、菩薩像としては成道以前の釈迦（菩薩）像のほか、弥勒と観音像がガンダーラにみ

られ、特に観音像については、

……作例は少ないものの、頭上に宝冠を戴《いただ》き、化仏《けぶつ》を表し、蓮華《れんげ》または花綱を執る菩薩像がガンダーラに数点知られており、おそらく観音を表したものと考えられる。さらに、宝冠に化仏ではなく楔《くさび》状の突起を表し、蓮華を執る菩薩像も知られており、これも観音像に含める研究者が多い。さらにガンダーラには、仏坐像《ぶつざぞう》の脇侍《きょうじ》として、蓮華を持つ菩薩と水瓶を持つ菩薩とを表した仏三尊形式の作例が多数ある。中尊《ちゅうそん》の比定に問題が残るものの、その図像的特徴から、これらの脇侍菩薩も観音と弥勒である可能性が高いとされている。

ガンダーラ以外の地域では、マトゥラーにも数は少ないものの、化仏を表した観音像と見られる作例があり、弥勒の銘を持つ菩薩立像も一点知られている。ガンダーラと同じく、観音像は宝冠を戴く王侯風の姿で表されるのに対し、弥勒像は水瓶を取り、頭髪は螺髪《らほつ》とするなど、苦行者風の姿で表されるのが大きな特徴である。

という(3)。

また、インド・アジャンターやエローラなどでも仏教美術の遺跡が多く、五世紀中頃以降のアジャンター後期石窟には観音信仰がみられ、六世紀後半以降は観音の作例が多く、観音像に関し、……アウランガーバード第七窟ヴェランダに表された諸難救済図や、エローラ第四窟の倚坐像《いざぞう》など、礼拝像形式の巨像も表されるようになる。また、六〜七世紀の西デカンの作例では、小仏塔を頭前に付ける例があるなど図像に幅があったが、八世紀以降は地方を問わず、頭前に化仏《けぶつ》を表し、蓮華《れんげ》を執《と》る姿でほぼ定着する。通常の二臂一面像《にひいちめんぞう》の他、西デカンのエローラやアウランガーバードに四臂像、カシミールに六臂像、ビハールに十二臂の像が知られ、カンヘーリー第四一窟には十一面像の作例があるなど、多臂多面の観音像が見られるようになるのもこの頃からである。このほかにも密教系の観音として、カサルパナ、青頸《しょうきょう》（ニーラカンタ）、不空羂索《ふくうけんさく》（アモーガパーシャ）、金剛法《こんごうほう》（ヴァジュラダルマ）、獅子吼《ししく》（シンハナーダ）などの作例がオリッサやビハールに知られている。

という。[3] さらに、この時期にはさまざまな女尊や守護尊像も制作された。

インドで誕生し、インド各地で広がった仏教は中央アジアにも伝播されるようになる。アショーカ王は、上述したように、多くの舎利塔を各地に建立したが、アショーカ王碑文のうちの三点がアフガニスタン南部のカンダハルから出土している。また、ガンダーラ地域の仏教伝播に関しては、

アショーカの大塔建立以後もタキシラには大小多数の舎利塔が建立され、ペシャーワ

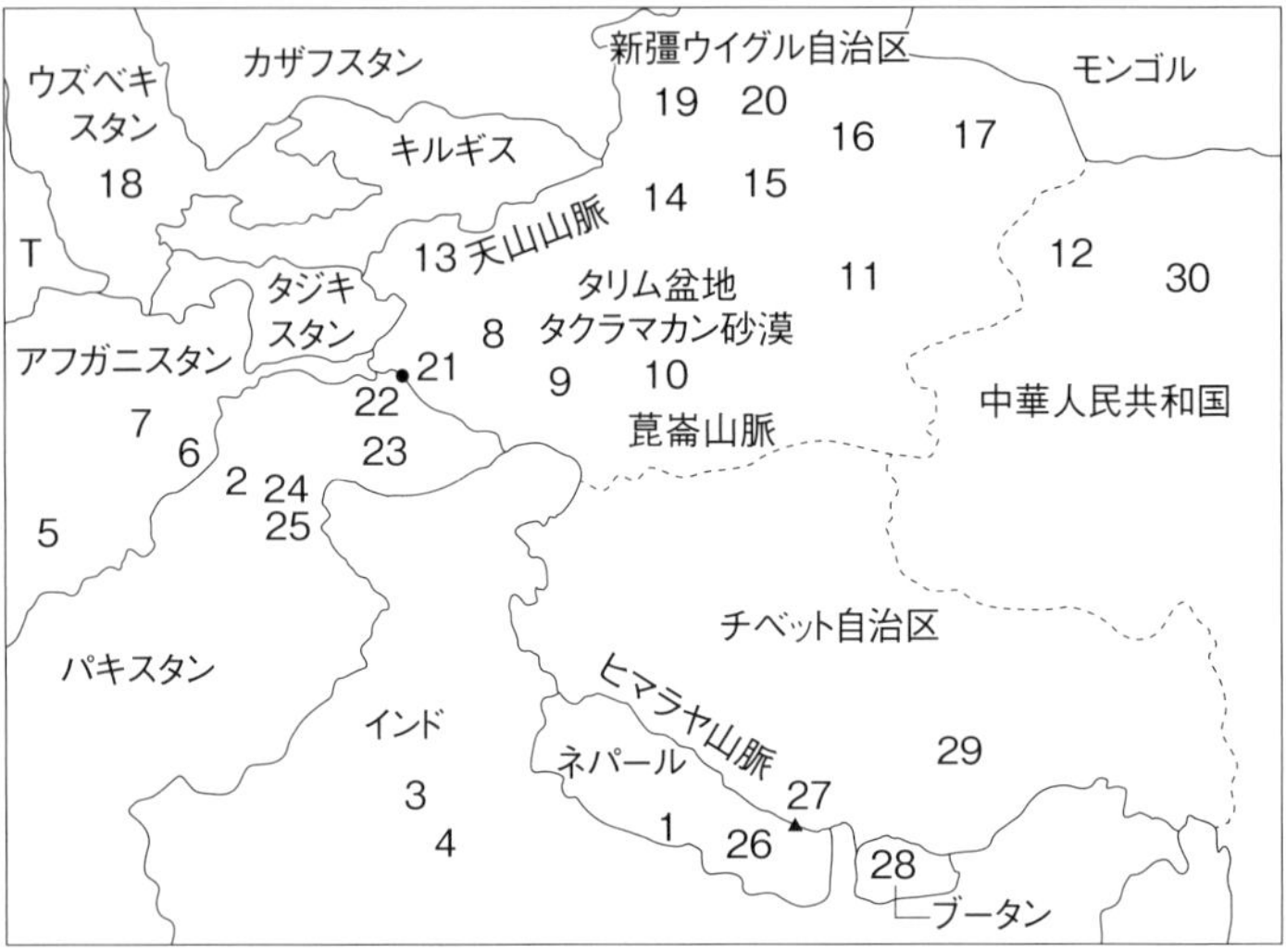

1. ルンビニー
2. ペシャーワル
3. デリー
4. マトゥラー
5. カンダハル
6. ジェララバード
7. バーミヤーン
8. ヤルカンド
9. ホータン
10. ニヤ
11. ロブノール
12. 敦煌
13. カシュガル
14. クチャ
15. コルラ
16. トルファン
17. ハミ
18. サマルカンド
19. イーニン
20. ウルムチ
21. クンジュラブ峠
22. フンザ
23. ギルギット
24. タキシラ
25. イスラムバード
26. カトマンドゥ
27. エベレスト山
28. ティンプー
29. ラサ
30. 酒泉

T. トルクメニスタン

ル盆地にもカニシカ大塔はじめ舎利塔《しゃりとう》や祠堂《しどう》が過剰までに数多く建立された。このような舎利塔や礼拝《らいはい》対象の集中はインド内には少なく、タクラマカン周辺やアフガニスタンに多く見られる特徴である。瞑想《めいそう》修行を核とする出家主義はここになく、布施《ふせ》・祈願・礼拝中心の在家者の信仰形態が読みとれる。貿易で栄えたこの地の支配層か交易商人による寄進で、布施の功徳《くどく》を積むことが彼らの目的だったであろうといわれている。(4)

中央アジアの仏教遺跡としては、アフガニスタンにジェララバード遺跡、さらにカンダハル、バーミヤーンにも遺跡があり、トルクメニスタンにはメルブに仏教寺院遺跡があるなど、仏教はこれら中央アジア地域にも広く伝播された。

なお、バーミヤーンには、高さ三十八mの東大仏と高さ五十五mの西大仏があったが（これら大仏は六世紀後半から七世紀初めの造立といわれている）、二〇〇一年にタリバンにより破壊されてしまった。

第四節　シルクロードの仏教遺跡

仏教はシルクロードを通って中国に伝播したが、シルクロードには西域南道と西域北道（天山南路）があり、さらに天山北路がある。

インドの北東でヒマラヤ山脈の南麓にネパールがあり、ネパールの東方にブータンがあるが、ヒマラヤ山脈の北方に崑崙山脈があり、ヒマラヤ山脈と崑崙山脈との間が中国・チベット自治区になっている。そして、崑崙山脈とその北方にある天山山脈との間が中国・新疆ウイグル自治区であり、ここにはタリム盆地があり、その多くの地域がタクラマカン砂漠となっており、その西方にパミール高原がある。

西域南道はタクラマカン砂漠の南側を通る道で、ヤルカンド、ホータン、ニヤ、ロブノール近傍を通って敦煌に至る。なお、ロブノール近傍には玄奘三蔵がインドに旅する前までは楼蘭があったという。西域北道は天山南路ともいい、タクラマカン砂漠の北側ないし天山山脈の南側を通る道で、カシュガル、クチャ、コルラ、トルファン、ハミを通って敦煌に至る。天山北路は天山山脈の北側を通る道であり、ウズベキスタンのサマルカンドよりイーニン、ウルムチを通り、その後は西域北道（天山南路）と同様にトルファン、ハミを経て敦煌に向かう。

なお、新疆ウイグル自治区の西端とパキスタンとの国境にクンジュラブ峠があり、中国からインドに向かう場合、クンジュラブ峠からパキスタンのフンザ、ギルギットに至り、さらにペシャーワルを通ってインド入りするルートがあり、玄奘三蔵もインド入りするにあたり、このルートをつかったといわれている。

西域南道のホータンは玉製品の産地として知られているが、ここには紀元前一世紀頃に仏教が伝わったといわれており、初期には部派仏教が伝来したが、その後大乗仏教が伝播し、華厳経が流布したという。また、ホータン近傍のカダリク遺跡には法華経、大般涅槃経、金光明経の写本が出土している。

西域北道（天山南路）のクチャ（亀茲《きじ》）にはキジルガハ千仏洞やキジル千仏洞の仏教遺跡がある。クチャは鳩摩羅什《くまらじゅう》の出身地であり、鳩摩羅什は中国に『中論』、『百論』といった中観系の論書や『妙法蓮華経』、『阿弥陀経』などの経典の中国語翻訳をもたらした。また、トルファン（高昌）の仏教遺跡としてはベゼクリク千仏洞があり、その第十九窟の内陣の主尊は千手観音菩薩である。

敦煌は西からのインド、中央アジアの文化と東からの中国の文化の交流点ともいうべき位置にあり、仏教も紀元前後には伝播したという。三世紀後半から四世紀前半に中国仏教界で活躍した竺法護《じくほうご》は敦煌の出身である。

敦煌の仏教遺跡としては莫高窟《ばっこうくつ》と楡林窟《ゆりんくつ》がある。莫高窟は前秦の時代三六六年に開削が始まり、その後約千年にわたって石窟が造営された。莫高窟の仏像としては、第二七五窟の五世紀中頃に造られた交脚弥勒菩薩像、初唐〜盛唐時代の第三二八窟の中尊仏坐像や第四五窟の菩薩立像、八世紀後半のチベットに支配されていた時代に造像された涅槃釈迦像が有名である。またこの時期には、十一面観音、千手千眼観音、不空羂索観音などの壁画も描かれた。楡林窟には、チベット支配時期に八大菩薩曼荼羅や観音曼荼羅、水月観音図などが描かれた。

敦煌より西安に至るには、黄河より西側の酒泉《しゅせん》、張掖《ちょうえき》、武威《ぶい》を通り、さらに黄河を渡って蘭州、天水を経由するが、蘭州の郊外には仏教遺跡として炳霊寺《へいれいじ》石窟があり、天水の郊外には麦積山《ばくせきさん》石窟がある。炳霊寺石窟は五世紀初め頃に開削され、宋の時代以降や明の時代も造営が続けられ、麦積山石窟は四世紀終り頃から開削がはじまり、隋の時代まで造営されたものである。

【註】

1　五来重『日本仏教と庶民信仰』大法輪閣（２０１４年）88～93頁

2　蔵本龍介「ミャンマー上座仏教の世界」［『アジアの仏教と神々』に所収］法蔵館（２０１２年）88頁

3　島田明「造形と仏教」［『新アジア仏教史02　インドⅡ』に所収］佼成出版社（平成22年）297・321～322頁

4　山田明爾「インダスを越えて」［『新アジア仏教史05　中央アジア』に所収］佼成出版社（平成22年）22頁

【参考文献】

『新アジア仏教史02インドⅡ　仏教の形式と展開』
『新アジア仏教史03インドⅢ　仏典からみた仏教世界』
『新アジア仏教史04スリランカ・東南アジア　静と動の仏教』
『新アジア仏教史05中央アジア　文明・文化の交差点』以上、佼成出版社
『仏陀の道「祈りと美」の遺産』新人物往来社（１９９８年）

第三章

インド・チベット・ブータン・ネパールにおける仏教信仰と女神観音

第一節　インドの女神信仰

仏像が生まれたのは、上述したように紀元一世紀頃であり、ガンダーラとマトゥラーにおいて独立に誕生し、観音もそれと同時期あるいはそれよりわずかに遅れて誕生したものと思われるが、佐久間留理子氏によれば、インドにおいて観音が最初に造形化されたのは二～三世紀頃に最盛期を迎えたガンダーラの仏教美術であるという(1)。

ところで、日本の仏教信仰においてよく知られた女神としては、吉祥天と弁才天が挙げられる。これらはもともとはインドで生まれた女神である。吉祥天はラクシュミー女神としてヴィシュヌ神の妃とされ、弁才天は川の神であり、サラスヴァティー女神としてブラフマー神の妃とされ、いずれもヒンドゥー教の女神であるが、仏教に取り入れられて仏法を守護する天部の神として祀られるようになったものである。

日本における吉祥天としては、法隆寺金堂に祀られている像、京都・浄瑠璃寺の秘仏である吉祥天立像、京都・妙法院（三十三間堂）に祀られている二十八部衆のうちの大弁功徳天像など、優美な像が知られている。絵画としては、薬師寺の国宝・吉祥天像が著名である。

一方、弁才天としては、二臂の琵琶をかかえている像と、弓・矢・刀・矛などをもち、頭

八臂弁才天
神奈川県鎌倉市　長谷寺

弁才天　京都市東山区　六波羅蜜寺

上に鳥居と宇賀神を載く八臂の像がある。前者の例としては、鎌倉・鶴岡八幡宮の弁才天が有名で、裸弁天ともいわれているが、常時は腰に布をまとうだけの姿、あるいは衣服をはおる姿で展示されている。これに対し、江ノ島神社に祀られている弁才天は、腰に布さえまとわない〝天然の姿〟で琵琶をかかえた状態で展示され、艶麗さのなかに清冽さを備えた像である。また、八臂弁才天としては、琵琶湖・竹生島の宝《ほう》厳寺《ごんじ》の像が挙げられる。

　これら吉祥天、弁才天は、仏教のなかでは仏教を守護する天部の女神である。一方、観音は菩薩であり、菩薩である観音がインドなどで女性とされることはない。

どこの地にも女神信仰はあるが、インドにおいてはヒンドゥー教の女神、特にシヴァ神の妃であるパールヴァティー、ドゥルガー、カーリーなど、またヴィシュヌ神の化身のラーマの妃シーターやクリシュナの妃ラーダーに対する人気が高い。なお、パールヴァティーはシヴァ神からもっとも愛されたヒマーラヤの女神であり、ガネーシャ（歓喜天または聖天）とスカンダ（韋駄天）の母である。ドゥルガーはライオンをしたがえた戦斗の女神であり、このドゥルガーより生じた女神がカーリーで、口から舌をだし、シヴァ神をふみつけて踊る、血を好む女神である。

インドにおける女神信仰については、ヒンドゥー教シャクティ派の女神信仰がよく知られている。西尾秀生氏はこのシャクティ派について以下のように紹介している。(2)

中世のインドで、ヴィシュヌ教にもシヴァ教にもまた仏教にも影響を与えた宗教的潮流はシャクティ派、即ちタントラ教であった。このシャクティ派はシヴァの神妃（シャクティ）であるドゥルガーまたはカーリーを崇拝するので、この名前シャクティ派（シャークタ）が付いた。

シャクティ派によると、最高の実在であるシヴァはブラフマンと同一であり、全く活動しないのに反し、シヴァの神妃が活動する。その活動力（シャクティ、性力）は、女性原理であり、すべての原動力であり、宇宙及び個人に生命を有らしめるものである。

人の束縛も解脱もこの活動力に基づいている。

また、シャクティに関して佐藤任氏は、

……ヒンドゥー教では、宇宙の活動原理はつねに女性にあると考え、サーンキヤ体系ではこの見解を哲学的に説いている。つまり、男性原理であるプルシャは静的であり、本質的に動的である女性原理のプラクリティとからみ合うまでプルシャは活動しない。ヒンドゥー教の偉大な三神であるブラフマー（梵天）、ヴィシュヌ（毘紐天）、シヴァ（湿婆神）はそれ自体としては受動的であり、神のシャクティ（精力）によって活動する。シャクティ（Śakti）は女性であり、神の妻として崇拝されるが、しかし本質的には神そのものであり、シャクティを離れては神は存在しない。そして、シャクティは一切に遍満しており、全世界はシャクティの発現であり、それは無形、無質、巨大で知覚することができず、一のなかに一切をそなえた創造者、維持者、破壊者であるといわれる。

と説明する。(3)

したがって、全世界はシャクティの発現であること、つまり女性原理に基いて活動しているものであることが指摘され、男性原理（プルシャ）は、結局女性原理（プラクリティ）のもとにしか活動し得ないことになる。

このように、インドにおいて女神は男神をうわまわって活動的であり、女神上位といってよいかもしれない。

石井公成氏によれば、インド初期に成立した大乗経典には男女の区別の否定を説いたものが多いという。また、インドにおいて両親を意味する語は、

「mātā-pitri（母父）」

であること、これが漢訳仏典では意識しないまま「父母」と訳されてしまうとされ[4]、かかる点から中国や日本における男性上位ないし〝男先女後〟がインドでは必ずしも妥当しないことが知られる。

以上のとおり、すでに昔から至高神として多くの女神に対する強い信仰をもつインドの地においては、男性である菩薩・観音を女神として崇める必要などなかったであろう。

ただ、松原泰道氏によると、

……今日でもインドでは、観音さまは、実在のバラモンの神さまの夫人になっています。先年も、私たちがインドを訪れたとき、ヒンズー教のお寺であちらのガイドさんが観音さまを「バラモン教のシヴァ神のご夫人」と説明されたので、私たちはとまどいました。この場合、観音さまは、神話の上では実在の女性の神です。

という[5]。そうすると、インドにおいても、ヒンドゥー教のなかで観音は女神であるといい得

る。

さらに、華厳経は四世紀頃にインドで完成したといわれる経典であり、その入法界品は善財童子が悟りを求めて五十三人の善知識をたずねて教えを請う物語である（なお東海道五十三次の「五十三」はこの入法界品の〝五十三〟に由来する）。善財童子がたずねた二十六番目の善知識が遊女であるヴァスミトラー（婆須蜜多女）であり、善財童子がヴァスミトラーに道を問うと、

私は已《すで》に離欲清浄の法を体得した。もし天が私を見れば私は天女になり、もし人が私を見れば私は人女となり、乃至非人が私を見れば私は非人女となるであろう。もし欲に纏《まと》わるる者が来れば、私は法を説いてみな欲を離れて無著境界三昧を得させよう。私を見るものは歓喜三昧を、私と語るものは無礙妙音三昧を、私の手を執るものは一切の仏国に詣る三昧を、私と共に宿るものは解脱光明三昧を、私の嚬呻*を見る者は壊散外道三昧を、私を観察するものは一切仏国光明三昧を、私を抱擁する者は摂一切生類三昧を、私の唇に接吻する者は諸功徳蔵三昧を得るであろう。かくして私の所に来るものは皆離欲の法を得るのである。（＊ひんしん・顔をしかめてうめくこと）

と答えたが(6)、このヴァスミトラーは、後世、観音の化身とみなされるようになったといわれる。なお、インドでは古来、「遊女」の地位は高かったといわれている。

したがって、インドにおいても、観音の女性性が認められる場合がある。

第二節　チベットの仏教信仰

(i) チベット仏教の流れ

チベットが歴史の上で姿を現すのは、七世紀初めのソンツェンガムポ王（六一七－六四九）の頃といわれており、この時代にはじめて仏教が導入された。ソンツェンガムポ王は、中国から文成公主を、ネパールからティツン妃を妻に迎えた。文成公主はラサにラモチェ寺（小昭寺）を建立し、ティツン妃はチョカン寺（大昭寺）を建立したといわれているが、ティツン妃の実在性は現在では否定されているともいう。

ただ次のような伝承がある。観音菩薩はチベットを教化するに至ったことを知り、御体から三本の光線を放った。右目からの光線はネパール王妃の腹に入り、左目からの光線は中国の王妃の腹に入り、両王妃からそれぞれ美しい女の子が生まれた。ティツン妃と文成公主であり、それぞれ緑ターラーの化身と白ターラーの化身である。そして心臓から放たれた光はチベットのナムリソンツェン王の后の腹に入り、観音菩薩の化身であるソンツェンガムポ王が生まれた、というものである。

その後、チベットではティソンデツェン王（七五五―七九七）のとき、仏教が国教化する。王はインド・ヴィクラマシーラ僧院のシャーンタラクシタを招請し、サムイエー僧院を建立した。この際、仏教の導入に反発する土地神を調伏するためにパドマサムバヴァを招請し、チベットの神々を制圧したという。またこの時代、インド仏教と中国仏教との論争（サムイエーの宗論）があった。インド側のシャーンタラクシタの弟子であるカマラシーラと中国側の禅僧・摩訶衍《まかえん》が論争し、インド側の漸悟《ぜんご》派が中国側の頓悟《とんご》派を斥けたとされ、以後、チベット仏教はインド仏教を受け継ぐことになり、十三世紀にインド仏教が衰退・滅亡したのちも隆盛を保った。

ティソンデツェン王の死後は仏教も低迷したといわれるが、インド・ヴィクラマシーラ僧院の長・アティシャ（九八二―一〇五四）を招請して以降、再び仏教の隆盛が生じ、四大流派といわれるニンマ派、サキャ派、カギュー派、ゲルク派が成立した。

ニンマ派は、パドマサンバヴァ（蓮華生）を開祖とする。パドマサンバヴァはグル・リンポチェともよばれ、チベットやブータンにおいていまでも絶大な人気を有する。サキャ派は、クンガーニンポやモンゴル帝国の第五代ハーンであるフビライの国師となったパクパが有名である。カギュー派は、ティローパ、ナーローパ、マルパ、ミラレーパがよく知られており、なかでもミラレーパは詩人として名高い。ゲルク派は、アティシャの教えを起源とするカダム派を引き継ぎ、ツォンカパにより大成されたチベット仏教における最大宗派で、ダライ・ラマ五世以降はチベット政治をも支配した。

現ダライ・ラマ十四世は、一九五九年に中国軍の圧力によりインドに亡命し、以後、亡命先でのチベット仏教の普及によりチベット仏教は世界的に広められている。

(ii) 後期密教としてのチベット仏教

チベットに伝来され受容された仏教は、インドにおいて成立した後期密教である。インド仏教は十三世紀初めに滅亡したが、その前後に多くの僧がチベットにわたり、後期密教を伝えたといわれる。後期密教ないしチベット仏教は、その修行において性行為によるヨーガ(性瑜伽)が重要視される。

空海、さらに円仁や円珍が中国からもたらした日本の密教は中期密教といわれ、後期密教とは相違する。中期密教には後期密教のような性的ヨーガはない。日本の真言密教のなかで立川流という〝性的〟密教が知られているが、これは後期密教とはまったく異なる。

ツルティム・ケサン／正木晃氏によれば、

もともとインドには、究極の智恵は究極の快楽と不可分の関係にあるという認識が存在した。したがって、理想のヨーガには、最高の快楽がともなうはずであった。先に指摘した、生命エネルギーを活性化することで解脱にいたろうとする試みは、会陰《えいん》部に潜む性的なエネルギー（シャクティ＝クンダリニー）を特殊な身体技法をもちいて、霊的な方向へ目覚めさせることからはじまる。そのうえで、身体の中心線上に存在するチャクラと脈管（ナーディ）とよばれる霊的な器官の中を上昇させていけば、性的なエネルギーは次第に霊的なエネルギーに変換され、ついに頭頂のチャクラに到達したとき、修行者は絶大な快楽のうちに最高の智恵を獲得して、解脱を遂げるという。

とされ(7)、チベット仏教といえば性的ヨーガが特徴とされる。また、チベットの仏教美術において、父母仏（ヤブユム）といわれる妃を抱擁している守護尊（イダム）がある。

しかしながら、チベット仏教においては、むしろ龍樹（ナーガールジュナ）の中観思想などの大乗仏教思想、とりわけ大乗仏教にもとづく「空性」の教えこそが重要である。

チベット仏教にとっては顕教こそがあくまで基礎であり、密教はその上に立って修行されるべきものとされ、密教による修行はきわめて少数の修行者に許されるにすぎない。すなわ

ち、

……チベットの仏教密教は、現実的には顕教（非密教）を土台にしてその「上に」密教が存するのであって、顕教という基礎のない密教は僧院を中心とする形態では考えられない。たとえば、ゲルク派の僧たちは全員がまず顕教を学習する。その学習が一応終了した段階で意欲があり、師が許せば次の段階としての密教の研修に進むのであるが、密教の学習に進むのは僧の約一割にすぎない。したがって、密教に独特な行法である観想法（成就法）などはその一割の専門僧、しかも幾年かの予備的行を終えた僧にのみ許されたのである。(8)

ゲルク派のカリキュラムでは、密教の学習は顕教を学び終えてから進むことになっているが、顕教の学習課程をすべて修めるには最短でも二〇年かかり、実際には三〇年ほどかかる。したがって僧侶の多くは、体力のある年代の大部分を顕教の学問だけに費やし、密教まで学ぶ数は決して多くない。(9)

とあるように、だれでもが密教修行に入れるものではなく、たとえ入れたとしても、その完成（さとり）が保障されているものではない。一方で、顕教修行は、論理学、仏教心理学、般若学、中観思想、律、倶舎論などの学習、研究が必要で、長期間の研鑽を要するものである。

このようなチベット仏教においては、如来、祖師、守護尊（イダム）、菩薩など多くの尊格が信仰され、民衆からは観音菩薩も広く信仰されているが、チベットでも観音は女性神であるとはされていない。チベットにおいて、歴代男性僧であるダライ・ラマは観音の化身とされているものである。

第三節　ブータンの仏教信仰

ブータンの仏教は、十七世紀初期にチベット仏教のカギュー派のなかのドゥク派の僧侶がブータンに亡命してきたのが始まりといわれており、現代でもこの伝来した仏教が国教とされている。したがってブータンの仏教はチベット仏教と同様に後期密教に属する。

以前（二〇一一年）にブータン第五代国王と王妃が来日し、福島県相馬市の海岸において、東日本大震災で亡くなられた方々に対して鎮魂の祈りを捧げていただいた[10]が、前第四代国王の王妃であったドルジェ・ワンモ・ワンチュック妃によると、ブータン人の七十五％が

生まれながらの仏教徒であるといい、

……在家信者の家でもまず間違いなく仏間があり、釈迦牟尼仏、グル・リンポチェ、観音菩薩、文殊菩薩、金剛手菩薩、持金剛菩薩、観音菩薩と同じく慈悲の女神であるターラー尊、苦行詩人ミラ・レパ〔一〇四〇―一一二三〕、ブータンの統一者シャプドゥン・ンガワン・ナムギェルといった仏像や師祖像が祀ってあります。慎ましやかな家では、像の代わりに、ポスターやカレンダーが貼ってあり、これは近年ますます多くなりつつあります。一般家庭では、収入が増え、余裕ができると、まず第一にすることは、仏像、仏具、経典といった仏壇に必要なものを整えることです。在家信者の家庭では、毎朝早くに、仏壇に閼伽《あか》水をお供えし、松柏類の香りのいい葉を燃やします。

と、ブータンの人たちが敬虔な信仰をもつこと、そして、

……仏教では、わたしたちが幸せで健全な社会生活を送るためには「四無量心」すなわち四つの無限の心、

第一に人に楽を与える慈無量心、

第二に人の苦しみをなくす悲無量心、

第三に人の喜びを自分の喜びとして喜ぶ喜無量心、

そして最後に恨みを捨てる捨無量心、

この四つが必要であると教えています。

と、その信仰内容を語り[11]、ブータンにおいて、仏教の教えは民衆のなかに息づいているものである。

ところで、ブータンの国づくりの基本は、前第四代国王が提唱した、GNP（Gross National Product: 国民総生産）ではなく、GNH（Gross National Happiness: 国民総幸福）であるといわれており、
ブータンのGNH（国民総幸福）を支える国家の基本的な政策は、「経済成長と開発」「文化遺産の保護と振興」「環境の保全と持続可能な利用」「よき統治」の四つの分野をバランスよく発展させていくことにある。ブータンの国民総幸福は、国の近代化を進める「開発の哲学」であり、開発の究極の目的は国民の幸福であり、国家の開発政策や計画も国民総幸福の指針のもとに貫かれている。

「開発の哲学」の根底には、伝統文化の継続、自然環境の保全、仏教世界観の継承があり、……したがって、「開発の哲学」による国民総幸福とは、多くの場合に個人の物

マニ・ラコル　経典が納められ、回すと功徳が得られる。

質的な追求（要求）よりも、伝統文化の継続、自然環境の保全、仏教世界観の継承といった国家・社会の持続的な調和の追求（無形の要求）が優先されるのである。

……国家の目標は、経済成長でなく、国民の幸福を最大限にすることであり、それを基盤に自然環境の保護（自然環境の保全）と独自の文化（伝統文化・仏教世界観の継承）を維持することを前面に掲げた「開発の哲学」である。

とする施策が進められている[12]。

この点について、ドルジェ・ワンモ・ワンチュック妃も、

きわめてわかりやすくいえば、GNHの立脚点は、人間は物質的な富だけでは幸福になれず、充足感も満足感も抱けない、そして経済的発展および近代化は人々の生活の質および伝統的価値を犠牲にするものであってはならない、という信念です。GNHを達成するために、政策的にいくつかの優先分野が設けられました。繁栄が、国のすべての地域に、社会のすべての分野に共有される公平な社会経済開発、汚染のない環境の保護および促進、ブータンのユニークな文化遺産の保存および発展、民衆参加型の責任ある良い政治。これが国王の政策の基本的ガイドラインです。

と述べているところであり[11]、そして第四代国王も、

国として、経済基盤は必須であり、ブータンも当然経済発展は心がけている。しかし

仏教国としては、経済発展が究極目的でないことは、経済基盤が必須であることと同様、自明のことである。そこで仏教国の究極目的として掲げたもの、それが「国民総幸福」である。しかし今考えると、「幸福」(happiness)というのは非常に主観的なもので、個人差がある。だからそれは、国の方針とはなりえない。私が意図したことは、むしろ「充足」(contentedness)である。それは、ある目的に向かって努力する時、そしてそれが達成された時に、誰もが感じることである。この充足感を持てることが、人間にとってもっとも大切なことである。私が目標としていることは、ブータン国民の一人一人が、ブータン人として生きることを誇りに思い、自分の人生に充足感を持つことである。

という(13)。

このような第四代国王夫妻の発言については、これ以上に論述の要はなく、ただ賛同するのみである。

なお、ブータンは現在立憲民主国である。

第四節　ネパールの女神信仰

（ⅰ）ネパールの仏教信仰

ネパールの最初の王朝は四～九世紀頃のリッチャヴィ王朝であり、ヒンドゥー教を信奉していたが、仏教も副次的に保護されていたといわれる。最古の仏像は五世紀頃の釈迦、観音の石像である。中世はマッラ王朝の時代（一二〇〇―一七六九）で、宗教はヒンドゥー教（シヴァ派、ヴィシュヌ派）が中心であるが、仏教も信仰されていた。ネパールでは中世以降、仏教の関係では金剛乗密教（後期密教）が伝播され、また僧の妻帯がはじまったといわれ、僧の妻帯は日本と同様である。

ネパールの首都カトマンドゥ、それにパタン、パクタプルを含むカトマンドゥ盆地において、ネワール語を話すネワール人の間で信仰された仏教はネワール仏教といわれているが、これはインドより伝えられたものである。ネパールは比較的最近まで（二〇〇六年五月まで）ヒンドゥー教が国教であったもので、国民の約八十％がヒンドゥー教徒であり、仏教徒は約十％であるといわれているが、仏教はヒンドゥー教の影響を受けながら（同時にヒンドゥー教に影響を与えながら）、信仰されている。観音も広く信仰されているが、ネパールにおいても観音は男性と考えられている。しかし、以下に述べるように、ネパールにおいて、観音が女神として現れることがある。

(ii) クマリとマチェンドラナートに対する信仰

ネパールでは現在でも、カトマンドゥ、パタン、パクタプルにおいて、クマリ(Kumari)とよばれる少女が「生き神」として信仰の対象になっている。植島啓司氏によれば、[14]首都カトマンドゥのクマリはロイヤルクマリとよばれ、仏教徒のサキャ・カーストから三、四歳の清純な少女が「生き神」として選びだされ、十二、三歳頃まで(初潮をむかえるまで)神として君臨するという。ロイヤルクマリは、インドラの祭り(インドラジャトラ)のときを除いて、カトマンドゥのダルバール広場の南側に位置する「クマリの館」から外にでることもなく、訪れる信者の額《ひたい》にティカを授ける「神」としてふるまう。ロイヤルクマリは国をあげて崇拝され、ヒンドゥー教の国王さえその前では跪《ひざまず》かざるを得ないほどの力をもち、インドラジャトラの最後の日の夜にはクマリが国王にティカを授け、きたるべき年の支配権を象徴的に与えることもあったといわれる。なお、植島氏は、クマリと伊勢神宮の大《おお》物忌《ものいみ》との共通点を以下のように述べる。[14]

なかでも伊勢神宮の式年遷宮に登場する大物忌《おおものいみ》の存在は、まさにクマリそのものと言ってもいいくらいに共通点が多い。神宮において最も重要とされた「床下の秘儀」に参加できるのは、まだ童女である大物忌とその介添え役の禰宜《ねぎ》だけであり、彼女だけは精進潔斎に励んで斎館《さいかん》に籠り、けっして川を渡って外に出てはいけないとされていた。明治政府によって「床下の秘儀」は廃され、大物忌の制度もなくなってしまったが、その儀礼における彼女の役割は処女神クマリと瓜二つと言ってもよかった。

ところで、カトマンドゥやパタンには、ヒンドゥー教の神であるマチェンドラナートを祀るマチェンドラナート寺院がある。この場合、カトマンドゥの寺院に祀られているマチェンドラナート神はセト（白）マチェンドラナートで、これは聖観自在とみなされ、パタンの寺院のそれはラト（赤）マチェンドラナートで、これは蓮華手観自在とみなされている。[15]なお、カトマンドゥのマチェンドラナート寺院には、回廊に百八種の観自在像が祀られている。[16]

植島氏によると、マチェンドラナートの話として、カトマンドゥ盆地が干ばつにみまわれたとき、雨を降らせるために、マチェンドラナートをインドのアッサムからカトマンドゥ盆地に迎えいれたが、その際マチェンドラナートをクマリが先導したといわれている。

また、マチェンドラナートは、もともとネパール固有のローカルな降雨をつかさどる神ともいわれているが、植島氏は、アヴァロキテシュヴァラ（観自在・観音）はカトマンドゥ盆地でマチェンドラナートというかたちで崇拝の対象になったとし、

カトマンドゥのマチェンドラナート寺院の回廊に祀られた観自在像

ネパールの金剛界五仏

……クマリは単なる道案内の先導者だったのか、カトマンズ盆地から歓迎のために遣わされた少女だったのか、または、当初から神の随員として従っていた従者だったのか。おそらくそのどれもが正解たりうるのだが、さらにもう一歩踏み込んで両者の関係をながめていくと、「もともとクマリはマチェンドラナートの妻または娘だったのではないか」と考えることも可能であろう。さらには「もしかしたらマチェンドラナートとクマリは同一の神格だったのではないか」という想定さえ浮かび上がってくる。

つまり、観音菩薩とは、単に豊饒をつかさどる大地母神の一つの表れというわけでもなければ、また、ヒンドゥー教のシヴァの妃タレジュの化身というわけでもなく、まずもってクマリという幼い少女の身体を必要とした特別な神格だったということである。彼女の存在なくしてこの地に観音が示現することはなかったのである。

と論じる。[17] そうすると、「観音＝マチェンドラナート＝クマリ」という等式が成り立ち得るとも考えられる。

したがって、ネパールにおいて、観音はクマリを介して女神であり得ることが示唆される。

（ⅲ）コモリン岬——観音の住処

植島氏によれば、クマリ崇拝はインドではほとんどみられないといわれているが、ただ南インドのコモリン岬にあるクマリ・アンマン寺院などではクマリが祀られているといい、

ここで注目したいのは、クマリ・アンマン寺院の「アンマン」とは「マーター」や「マータージー」と同じく母なる神を意味しているということである。すなわち、クマリ・アンマンとは「処女であり母である」の意味。人々はさまざまな悩みを抱いてここにやってきて、慈愛に満ちた女神のもとで癒される。それはあたかもキリスト教の聖母マリア教会と対応しているかのようである。

いずれにせよ、クマリについては「せいぜい十歳から十二歳までの幼い少女」、あるいはタントラ（魔術的教義）では、「十六歳まで、あるいは初潮前の少女」というのが一般的な定義なのであるが、現在のインドに残されている信仰形態から類推してみると、クマリにはその始まりから大女神としての性格が付与されていたことになる。

と述べ[17]、また佐藤任氏は、

女神デーヴィーの数ある名前の一つはカンヤー（Kanyā　処女）またはカンヤー・クマーリー（Kanyā-kumārī　若い処女）である。コモリン岬のインド最南端の地名はまたカンヤー・クマーリーという。コモリンというのはクマーリーという語からきたもの

である。P・トーマスによれば「インド語では岬は処女（女神）を意味しているクマーリーとして今でも知られている」という。

カンヤー・クマーリーはまたドゥルガーの名前でもあるが、しかしクマーリーは若い処女、多分まだ月経をみない少女のことである。こうして観音の住居とされた地は、また若き乙女である女神の居住地であった。

とも指摘する。[18]

このコモリン岬については、華厳経入法界品第二十八によれば、観音の住処がインド最南端のコモリン岬のポータラカ（補陀洛山）にあるといわれているが、沼義昭氏は、

……もし、ポータラカ山がコモリン岬の山であるとなしうるならば、インドにおいてこの山の女神と観音とを重ね合わせることがあったわけで、観音のイメージを決定する重要な要素となったと思われる。しかもその山頂にある泉あるいは池と、花咲く樹木あるいは果実のなる樹木の鬱蒼たる森林と、柔らかな香草の生える草原などが合わせてかもし出すイメージは、明らかにエデンの園のそれであって、中国風に表現すれば、泉あるいは池は玉女池であり、流れ出る川は玉女川、池の傍にある石の天宮はのちの玄奘の記述であるが、岩の洞窟を意味し、玉女宮、玉女観、玉女洞といいうるものである。

と指摘する。[19]

このように、ネパールの「生き神」クマリは、ここでいわれる「クマーリー」と関連していると考えられるものであり、そうするとこの点からも観音と女神クマリとの関係が認められる。

さらに、補陀洛山に関する別の伝承もある。すなわち、シャーンティヴァルマンという優婆塞が王の命により観音に会うべく補陀洛山に派遣されたが、シャーンティヴァルマンは途中、ターラー女神、ブリクティ女神、ハヤグリーヴァ（馬頭）、さらにはエーカジャティー女神の援助を得て補陀洛山山頂にたどり着いた。そこで一カ月祈ったところ、一人の女性が現われ、彼を宮殿に連れていったが、この女性は観音と推定されるという[20]。

そうすると、この伝承も観音が女神であることを示唆する。

第五節　チベット・ブータン・ネパールの女神観音

チベット仏教においてもブータン仏教においても、さらにネパールの仏教においても、観音は深く信仰されているものの、観音が女性ないし女神であるとは認められていない。
しかしながら、以下のように観音を女性ないし女神と認め得る場合がある。

(ⅰ)六字観音(四臂観音)

日本ではほとんど見られないが、チベット、ブータン、ネパールにおいて、六字観音とよばれる観音が広く信仰されている。六字観音は、胸前で左右の一手が合掌し、右二手目が数珠を、左二手目が蓮華をもつ一面四臂の像であるが、

六字《ろくじ》観音の「六字」は、梵語で「オーム　マニ　パ　ドメー　フーム」(オーム、宝珠と蓮華よ、フーム)という六つの字音からなる呪文、すなわち六字真言を意味する。

という。[20] この場合、

……「オーム」は最高の実在を喚起するために、はるか古代よりインドで用いられてきた。

六字観音　ネパール・カトマンドゥのマチェンドラナート寺院

「マニ」は宝石やダイアモンドを意味するサンスクリットで、ダイアモンドとしての金剛杵を表わす。「ペメ」（パドメー）は「蓮華の中に」を意味し、「フーム」はプルブと同様、エネルギッシュな力を呼び起こす。

ものであるが、[21]このうち蓮華については、上述したように「世界を創造する女神の性器」を意味するものである。

この六字真言については、「六字大明」ともよばれ、六字大明は「六字大明マンダラ」において、女神として神格化されているという。[20]このことから、六字観音は女神であり得ることが示唆されている。

（ⅱ）ターラー女神

また、チベット、ブータン、ネパールにおいてはターラー女神の信仰が広くみられる。彌永信美氏は、「ターラー菩薩は、インド・チベットの後期密教において観音の主要な配偶女神として、あるいは独立した尊格としてきわめて重要な位置を占めたばかりでなく、その神話的起源に観音の『眼』との深い関係が認められる」という。[22]この場合、ターラー女神としては白ターラーや緑ターラーが信仰されているが、白ターラーは六字観音の右の眼の涙から生まれ、緑ターラーは六字観音の左の眼の涙から生まれたといわれている。このターラー女神は、後述する三十三観音のうちの多羅観音であり、ターラー女神は中国に伝えられて観音化したものである。

なお、チベットにおいて、白ターラーは文成公主として、緑ターラーはティツン妃として現れることは上述したとおりである。

また、このターラー女神については、〝モンゴルのミケランジェロ〟といわれるゴンボドルジーン・ザナバザル（一六三五―一七二三）の作品にみられる白のターラー女神像と緑のターラー女神像(23)が、清らかさと華やかさとを備えた素晴しい女神像であることを付言したい。モンゴル仏教はチベット仏教やポン教の影響を受けたものである。

【註】

1　佐久間留理子『観音菩薩』春秋社（2015年）28頁
2　西尾秀生『ヒンドゥー教と仏教』ナカニシヤ出版（2007年）49〜50頁
3　佐藤任『密教の神々』平凡社（2009年）104〜105頁
4　石井公成「女性が男性を論破する大乗教典」（『東アジアの女性の仏教と文学』に所収）勉誠出版（2017年）22頁
5　松原泰道『観音菩薩』集英社（1987年）11頁

6 原田霊堂『現代意訳華厳経』書肆心水（2016年）279～280頁
7 ツルティム・ケサン／正木晃『チベット密教』筑摩書房（2000年）34・35頁
8 立川武蔵「序論チベット密教とは何か」（『チベット密教〈シリーズ密教2〉』に所収）春秋社（1999年）21頁
9 谷口富士夫「チベット仏教の仏身」前掲8 67頁
10 田中敏恵『ブータン王室はなぜこんなに愛されるのか』小学館（2012年）12～13頁
11 ドルジェ・ワンモ・ワンチュック（今枝由郎訳）『幸福大国ブータン』日本放送出版協会（2007年）230・238～244・47～48頁
12 本林靖久『ブータンと幸福論—宗教文化と儀礼—』法蔵館（2006年）9・75・76頁
13 今枝由郎『ブータンに魅せられて』岩波書店（2008年）165～166頁
14 植島啓司『処女神 少女が神になるとき』集英社（2014年）16・37・122～123・171～174・213頁
15 立川武蔵『曼荼羅の神々——仏教のイコロジー』ありな書房（2004年）64頁
16 佐久間留理子「カトマンドゥにおける百八観自在」（『講座仏教の受容と変容 チベット・ネパール編』に所収）佼成出版社（平成3年）271～292頁
17 植島啓司：前掲14 214・259～260・264・52頁
18 佐藤任：前掲3 157～158頁
19 沼義昭：前掲第一章4 419頁
20 佐久間留理子：前掲1 25～27・193頁
21 フィリップ・ローソン（森雅秀・森喜子訳）『聖なるチベット』平凡社（1994年）16頁
22 彌永信美：前掲第一章7 449頁
23 ゴンボドルジーン・ザナバザル『モンゴルの仏教美術』恒文社（1994年）

【参考文献】

石濱裕美子「チベット密教史」(『シリーズ密教2　チベット密教』春秋社（1999年）
石濱裕美子『図説チベット歴史紀行』河出書房新社（1999年）
『新アジア仏教史09　チベット』佼成出版社
石井溥「ネパールの宗教と社会」(『新アジア仏教史01　インドI』)
前田知郷「ネパール　王座の少女」(『アジアの仏教と神々』)
『'12 '13　地球の歩き方　ブータン』ダイヤモンド・ビッグ社
『'09 '10　地球の歩き方　ネパール』ダイヤモンド・ビッグ社

第四章

中国・台湾・ベトナム・朝鮮半島における仏教信仰

第一節　中国への仏教伝来と進展

中国に仏教が伝来したのは、前漢から後漢に移る紀元前後であるといわれているが、本格的な仏教伝播は二世紀中頃以降であり、種々教典の紹介、翻訳もなされていたが、三世紀中頃から四世紀初頭の竺法護《じくほうご》による経典翻訳、そして四世紀中頃から五世紀初頭の鳩摩羅什《くまらじゅう》による般若経典、中観論書の翻訳により仏教思想が中国において本格的に根をおろした。ここで、後漢の時代は儒教が国教化されていた時代であったが、後漢が滅びた後、特に南北朝時代――五胡十六国の時代（三〇四―三八六）および北魏の時代（三八六―五三五）は、北方民族が華北を支配しており、この時代は儒教ではなく、道教や外来の思想・宗教である仏教が非漢民族である支配層に支持された時代である。

またこの時代は、多くの求法僧が西域にむけて旅立ったが、特に法顕《ほっけん》は三九九年に長安を出発し、西域諸国をまわり、パミール高原、カラコルム山脈を通って北インドに至り、仏跡をめぐり、さらに中インドのマトゥラーを経て、その後はスリランカから海路で四一二年に帰国したものである。(1)

鳩摩羅什のあとは、その弟子の僧肇《そうじょう》（三八四―四一四）を嚆矢として、これより隋の時代に智顗《ちぎ》（五三八—五九七）による天台宗、吉蔵《きちぞう》（五四九—六二三）による三論宗があらわれ、さらに法蔵《ほうぞう》（六四三—七一二）による華厳宗があらわれた。この法蔵は、唐の則天武后（六二四—七〇五）に重んじられたといわれる。則天武后は、中国で唯一皇帝になった女性であり、弥勒菩薩の生まれ変わりであるとし、仏教を保護した。またこの時代に、玄奘（六〇二—六六四）によるインドへの弘法の旅があり、種々の経典、論書がインドからもたらされた。

また、曇鸞《どんらん》（四七六—五四二）、善導《ぜんどう》（六一三—六八一）により浄土宗が興され、さらに隋の時代に信行《しんぎょう》（五四〇—五九四）により三階教も興された。信行は、「戒律を捨てて労役にも従事し、一枚の衣をまとい、戒律に則って日に一度食事し、恵まれない人びとを助け、あらゆる人を礼拝したといわれる。『普仏法』、すなわち生きとし生けるものを敬うこと（普教）と、自らを悪人と自覚すること（認悪）を核に置き、邪見に満ちた末世の世における万人の救いを標榜したのである。」という。(2)

唐の時代には、善無畏《ぜんむい》（六三七—七三五）、金剛智《こんごうち》（六七一—七四一）、不空《ふくう》（七〇五—七七四）により密教が興される一方、菩提達摩《ぼだいだるま》（？—五三六）、慧能《えのう》（六三八—七一三）、臨《りん》済義玄《ざいぎげん》（？—八六七）、洞山良价《とうざんりょうかい》（八〇七—八六九）らによる禅宗も興隆した。宋代以降、儒学が主流になったが、民間的には道教が主に信仰され、また仏教は一般庶民にまで受容さ

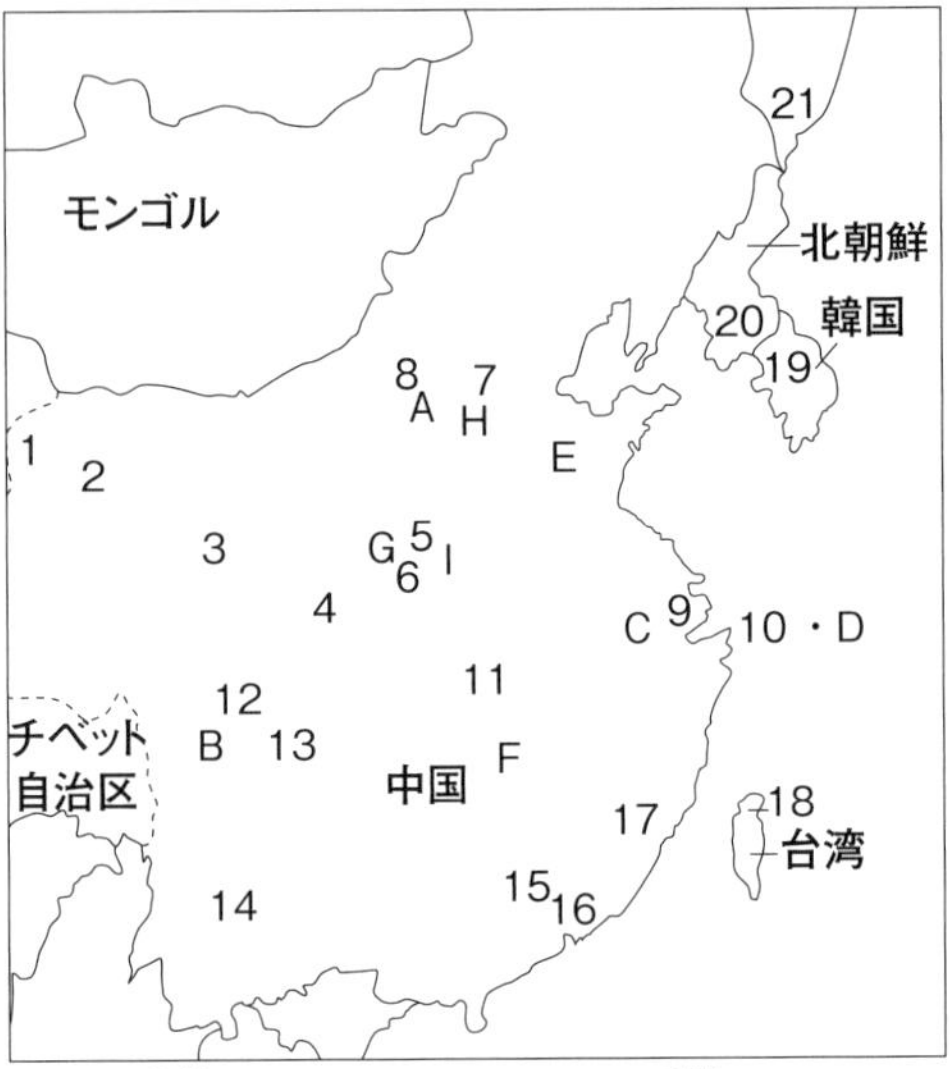

1	敦煌	16	香港
2	酒泉	17	厦門
3	蘭州	18	台北
4	西安（長安）	19	ソウル
5	洛陽	20	平壌
6	竜門	21	ウラジオストク
7	北京	A	五台山
8	雲崗	B	峨眉山
9	上海	C	九華山
10	舟山列島	D	普陀山
11	武漢	E	泰山
12	成都	F	衡山
13	重慶	G	華山
14	昆明	H	恒山
15	広州	I	嵩山

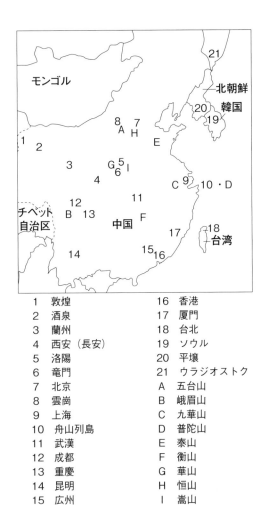

れるようになったという(3)。

なお、仏教は三世紀以降進展を続けてきたが、その間常に順風満帆であったわけではなく、いろいろな法難もあった。特に「三武一宗の法難」、すなわち、北魏太武帝による四四六年の廃仏、北周の武帝による五七四年の廃仏、唐の武帝による八四一―八四五年の廃仏、五代後周の世宗による九五五年の廃仏がある。中国の仏教はかかる廃仏、法難を受けたものである。

第二節　中国の仏教美術

中国の仏教美術、特に仏像彫刻については、後漢後期に最古の仏像がつくられはしたが、とりわけ五胡十六国の時代から北魏時代以降に多数の仏陀像、菩薩像がつくられるようになった。しかしながら、その多くは三武一宗の法難で破壊されたであろうし、また多くの戦乱のなかで多数の仏像が失なわれたものと思われる。

中国における仏教美術で特筆されるのは石窟美術であり、中国には多くの仏教石窟がある。中国の三大石窟は、先述した敦煌莫高窟と、山西省大同の雲崗《うんこう》石窟、河南省洛陽の龍門石窟である。四大石窟はこれらに先述した甘粛省天水市の麦積山石窟が加わる。

雲崗石窟は、北魏時代の四六五―四九四年の三十年間に彫られたものが主であるが、そのうち第十九窟の雲崗石窟最大級の仏陀倚坐像は高さ十七mであり、第二十窟の仏陀坐像は高さ十四mの堂々とした大仏である。また雲崗石窟には阿弥陀・弥勒・勢至の三尊仏などがある。

龍門石窟も北魏時代から造営され、則天武后の時代までも造営が続けられた。初期には弥勒菩薩像や釈迦像などが造像されたが、龍門石窟で著名な像は、奉先寺洞《ほうせんじどう》の盧遮那仏坐像（坐高約十一m、台座+光背二十m）で、これは則天武后をモデルにしたといわれる非常に美顔の像である。

なお、世界最大の石仏が四川省楽山凌雲寺の九世紀初期の磨崖大仏であり、倚像の態様で像高七十一m、肩幅二十八mである。

中国仏教の聖地としては、明代に確立した四大霊山がある。これは五台山（文殊菩薩の霊場）、峨眉山（普賢菩薩の霊場）、九華山（地蔵菩薩の霊場）、普陀山（観音菩薩の霊場）で

中国・済南近傍の千仏殿の仏像

あり、これら霊場にはいまでも多大な信仰が寄せられている。

ちなみに、道教の信仰においては、東岳泰山《たいざん》、南岳衡山《こうざん》、西岳華山《かざん》、北岳恒山《こうざん》、中岳嵩山《すうざん》の五岳を名山霊地とする。この場合、特に泰山は玄宗皇帝などによる信仰が知られているが、いまの泰山繁昌の中心は、子授けの神である碧霞元君《へきかげんくん》であるという[4]。

第三節　中国の女神観音

（i）中国の観音信仰

中国では、仏教は南北朝の時代から隋、唐の時代にかけて隆盛をきわめるが、観音は比較的早い時期から信仰されており、竺法護が訳した『正法華経』により観音信仰が広まる基礎ができたといわれる[5]。

速水侑氏によれば、龍門石窟において、観音は阿弥陀に次いで第二位の造像数を占めるという。この場合、北魏時代と唐代を比較すると、阿弥陀は北魏ではみられず、唐代に入って著しく造像される。一方、北魏時代は釈迦、弥勒の像が多く、唐代に入って激減する。これに対し、観音像は北魏でも唐の時代でも変らず多いものである[6]。

そして、千葉照観氏は、観音信仰について、「疑いもなく、仏教に観音の存在がなかったならば、仏教は歴史上に刻まれるごとき発展をみることはなかったであろう。」と述べ、観音信仰について、

すでに隋代までに観音信仰は確立し、一般にまで普及しつつあった。そして唐代にいたると、善無畏《ぜんむい》、金剛智《こんごうち》、不空《ふくう》等によって数多くの密教経典や儀軌《ぎき》が続々と漢訳され、観音も密教化されて多彩な変化身《へんげしん》が生み出された。観音はあらゆる面で量的にも質的にも大きく展開し、まさに黄金時代を迎えることになったのである。

ところで、宋代以後の仏教は禅と浄土を中心とし、儒教・道教・仏教の三教の合一が進むことになる。そして観音信仰も儒教、道教ないし民間信仰と結びつき中国的な受容と変容を遂げながら、広く民衆にまで信仰されるようになった。

明代以後の仏教は現在とも重なる部分が多くあるが、とくに観音の応化身としての信仰や、民間伝道書としての「観音宝巻《かんのんほうかん》」が盛んになったことが注目されるという。(7)

また、中国において、観音はいまでも深く信仰されている。たとえば、中国・福建省永定県の円楼とよばれるある集合住宅で祀られている観音の守り役である江存忠さんの話として、

存忠さんは、観音像に特別な思い入れがある。それはかつて自分が体を張って守ったものだからだ。時代は、この村にも「文化大革命」による宗教抑圧が押し寄せた頃に遡る。

「私はね、実はこのあたりの紅衛兵のリーダーだったんですよ。いよいよこの円楼にも文化大革命の波がやって来たとき、私は、自分の家の家系図をみんなの前で燃やしました。文革は先祖崇拝も認めなかったですから。それは立派なもので、辛かったです。でも、そうすることで私には守ろうとしたものがあったんです。それがこの観音様ですよ。家系図は私や私の家族にとっては重要なものでしたが、この観音様は家族のみではない、一族全体の宝だったからです。私は、数人とともに観音像を隠しました」

それは、この円楼の歴史の中で、ただ一度だけ観音像が中央から姿を消したときだった。祖先や親を大切にし、祖先から続く血のつながりの中に自分のアイデンティティー

を確認してきた人々にとって、自らの家系図を焼くということは、身を切られるような痛みであったはずである。そうまでして一族全体の守り神は隠されたという(8)。

このように中国において、観音は古い時代から今日に至るまで、特に庶民の間で信仰されてきた。これは観音経にあるとおり、観音は現世利益を与えてくれる菩薩であり、現世での幸いを求める中国庶民層にとって、その願いを聞きとどけてくれる観音は、まさに頼りがいのある味方であり、したがって観音は仏教徒に限られず、儒教、道教を信じる人々を含むば広い庶民層から支持、信仰を得てきたのである。

そして、中国では観音は女神として信仰されてきたし、いまもそうである。この場合、中国における観音女性化の時期については、彌永信美氏の見解として先に述べたとおりであるが、千葉照観氏も、観音は「大慈大悲の心の故に女性的な優しい姿として表現され、すでに南北朝末には観音女性化の傾向が現れ、唐代以後になると、女性像としての観音が次第に一般化し信仰されるようになった。」と述べており(9)、このように観音は中国に渡って比較的早い段階から女性化し、女神として崇められてきたものである。

(ii) 妙善説話と馬郎婦観音説話

彌永氏は、中国における観音の女性化に関して、

中国では、遅くとも十一世紀末から十二世紀初頭にかけて成立したと思われる二つの説話が、女性神としての観音菩薩信仰を確立させるのに非常に重要な役割を果たしていたことが知られている。その一つは香山観音説話、あるいはその主人公の名をとって「妙善説話」として知られる説話であり、もう一つは「馬郎婦観音」あるいは「魚籃観音」説話と呼ばれる説話である。

という。[10]

この妙善説話について、川村湊氏は通称『香山宝巻』、正式には『観世音菩薩本行経簡集』としてまとめられたテキストを、

天竺興林国の妙荘王の三番目で末の娘の妙善は、そのあまりにも清浄過ぎる心から、父王の命に背いて結婚を拒否したため、父母から疎んじられ、生命までも奪われようとするのだが、そのたびに神霊の加護に会い、香山白雀寺において尼となった。父王はさらにそれを怒り、妙善尼もろとも寺を焼き払ってしまった。

死んだ妙善は冥界に入ってさまざまな地獄を経巡り、白雀寺で焼死した尼僧たちを浄土に送り込むなどして、冥界からこの世界へと還魂する。仙人から仙桃をもらい、汝洲

中国の千手観音
中国・濱州市　興国寺

香山に入って修行生活を続ける。一方、父母である王夫妻は、深刻な病気に冒され、もっとも徳の高い修行者によってしか救われないと託宣される。王と王妃は、遠い山奥に修行者を訪ね、そこで自らの娘の妙善と再会し、成仏した妙善によってその手と眼を与えられて、王の病は癒される。王と王妃は尼を殺し、寺を焼いたことを反省し、仏道に帰依することになった。

と要約する。[11] ここで、妙善が王に自らの手と眼を与えるということから、これが千手千眼観音（大悲観音）の信仰であることを示唆する。

千葉氏は、妙善の観音説話は民衆の共感を得、特に女性の心を強くとらえ、爆発的な流行をみたようであると述べ、その理由について、

第一に、……中国の社会では男子を出産しなければ妻としての身分が保証されなかったことから、女性である妙善観音にすがったのであろう。第二に、男尊女卑である中国社会において、女人である妙善が成道を果たし、世の女性を救済してくれる、と信じら

魚籃観音
東京都新宿区中込柳町　宗円寺

馬郎婦観音
静岡県御殿場市　富士平和公園

れたことが最大の原因であったと考えられる。つまり、妙善観音説話の伝播は、女性たちの心の叫びであったのだ。

と指摘する(9)。

この妙善説話は、仏教説話といっても、仙人から仙桃をもらって修行するという道教思想や孝を重視する儒教道徳をも加えた、儒道仏の三教を取り込んだ説話であり、妙善＝観音が儒教・道教・仏教のいずれの徳をも備えた女性神であることから、中国において観音が仏教を超えて中国化したことを示している。

一方、馬郎婦観音ないし魚籃観音の説話について、彌永氏は、澤田端穂氏の要

約によるとして、

……唐の元和十二年〔八一七〕に陝西の金沙灘のほとりに、籃を手にして魚を売る美女があった。人々は競ってこれを妻にしようとしたが、女は「一夜で普門品を暗誦できる方があれば妻になりましょう」という。翌朝、いわれたとおり暗誦できた者が二十人もあった。一人で多くの夫に仕えるわけにはゆかないからといって、こんどは金剛経の暗誦を宿題に出した。翌朝になると及第した者は半分に減っていた。次に法華経を三日の期限つきで出した。すると馬氏の息子だけが合格したので、女は約束どおり妻になることを承諾したが、婚礼の日、馬家の門に入るなり女は急死し、死体はたちまち腐爛したのでこれを埋葬した。その後、一人の僧が来て、馬氏の息子とともにこれを発掘してみるとただ黄金の鎖骨だけが遺っていた。僧は「これぞ観音が示現して汝らを教化せられたのじゃ」というなり空中に飛び去ったが、これより陝西でも経典を読誦する者が多くなったということである云々。

とするす(10)。

この馬郎婦観音説話は、〝生者必滅・会者定離〟の仏教思想を説いたものと解したい。この説話は妙善説話とは異なり、儒教や道教の教えの影響はあまりないように思われる。

なお、馬郎婦観音、魚籃観音は、それぞれ別個独立して後述する「三十三観音」の一員として取り込まれている。この場合、魚籃観音は第十番目の観音として手に魚を入れた籃をもつ態様か、あるいは大魚の上に観音が乗る姿をあらわす。一方、馬郎婦観音は第二十八番目の観音で、上述した馬氏の話で示された婦女身で現れる。

このように、妙善説話、馬郎婦観音（魚籃観音）説話を通して観音は女性として現れ、中国に根づいて信仰されたものである。

ところで、中国四大奇書の一つである『西遊記』には、悟空たちを助けるためしばしば観音が現れる。たとえば、第四十九話には「観音　危難を救い魚籃を示すこと」という話において、通天河にすむ妖怪を退治するため悟空に頼まれた観音が竹籃をつくり、それを川に投げ入れると籃の中に金魚がとらえられ、妖怪の正体が観音の蓮花池で飼っていた金魚であったということがわかり、そして村人が観音を礼拝し、そのなかの絵の上手な村人が〝生きた〟観音の姿を写したのが魚籃観音の現し身《うつみ》であるという話がある。この場合、悟空が助けを求めて観音のもとにかけつけた際に、観音が竹籃をつくっている姿について、

はるか在《まし》ます観音菩薩
竹葉《たけのは》敷いて胡坐《あぐら》かき
素顔のままのお姿は

綽約《しなやか》な美いや増せり
梳《くしけず》らぬ髪《おぐし》そのままに
玉の飾《かざり》も帯びられず
藍《あい》の袍《うわぎ》も召されずに
肌着のみまとわれて
腰には錦の裙子《はかま》のみ
御足《おみあし》露わに覗《のぞ》かせる
錦《にしき》繍の肩掛結ばれず
眩《まばゆ》い腕《かいな》もそのままに
玉の御手《おんて》に小刀握り
いまし削るは竹の皮

と描写され、観音が女性的な姿でとらえられている。(12)

したがって、このようなことからも中国における観音の女性性が認められる。

(ⅲ) 道教・娘々神

中国において、観音は特に道教の娘々《にゃんにゃん》神と習合し、道教化して女神として現れ、道教女神として信仰される。

『ブッダ大いなる旅路3』には、

インドから中国へ、観音菩薩の旅は続いた。本来、性別などない存在ではあるが、インドにおいて男性名詞として登場した観音菩薩は、中国大陸に至って劇的な変身を遂げてゆく。私たちが中国の村々で出会った観音像は、ほとんどすべて女性の姿をとっていた。これは長い歴史の中で中国の人々が、あるいは自分の母親や身近な女性の中に、より多く観音菩薩の持つ慈悲の心の具現者を見いだしてきたことを物語っているようにも思える。

観音菩薩の自在な変身能力はまた、旅の到着点においても、それぞれの地元の神々への信仰を持つ人々に、仏教を浸透させる上で威力を発揮している。独自の守り神であった多くの神々や土俗神も、実は観音菩薩の一変化なのではないかという見方が生まれ、観音菩薩はそれらの神々と対立も争いもせず、融通無礙《むげ》に混交してゆくのである。

台湾で偶然出くわした道教の神々の廟移転の儀式「安座大典」においては、三〇以上もある神々の中に交じって観音菩薩がいた。彼らは観音菩薩を「白衣大士」と呼び、純粋に道教の神のひとりであると言う。私の次のような問いは、無意味だった。

——そりゃ変ですね。菩薩とは仏教の言葉だし、観音は仏教の菩薩ではないんですか。

「そりゃあ、あんたたち仏教徒の言い方で、私たちにとっては違うんだ。観音菩薩はもともと道教の神様さ。私たちの苦しみを取り去り、救ってくれるありがたい神様だよ」

ここまで混交していても、観音菩薩本来の役割は全くそのまま伝えられている。

と記載され、(13)観音が道教神であり、かつ女性神であることが示されている。

また、千葉氏も、

……道教の観音信仰を抜きにして、中国の観音信仰を語ることはできないだろう。広大な中国のいたる所に、人びとの信仰の拠り所として林立する寺廟、その中心をなすものは観音と関帝とである。道教における観音は一般に観音娘娘・観音老母・百子娘娘・送子《そうし》娘娘・授子娘娘などと呼ばれ、人びとは観音も道教の神と信じ、道教の神々を祀る道観に何の違和感もなく観音や地蔵など仏教の菩薩が祀られ、現在の中国においても盛んな信仰を得ているのである。

娘娘とは女性の尊称語で母や皇后などを指すが、道教の女神の総称として用いられる。女神としての娘娘は大別して、西王母《せいおうぼ》の王母娘娘、碧霞元君《へきかげんくん》の泰山《たいざん》娘娘、天妃の天后娘娘の三つに分類される。西王母については諸説があり、その信仰がいつから始まるのか明らかではないが、仙人が朝夕西王母にまみえなければならないとの記述があるから、道教の神々のなかでも高位にあったようである。碧霞元君にも諸説があり、泰山（山東省）の神である東岳大帝の娘すなわち玉女などとされる。そして、泰山娘娘は観音娘娘と同一視され、泰山娘娘は観音の化身ともされる。天后娘娘は……媽祖のことである。

と述べ[14]、観音が娘々神として道教の神であることを認めている。

このように、観音は道教に取り込まれ、道教と習合したかたちで道教女神としていまでも広く信仰されている。仏教は、中国では特に近世以降その信仰は低迷したが、観音は道教のなかに入り込んで庶民に信仰されるようになったものである。

なお、観音の道教化についてはさらに後述する。

(ⅳ) 普陀山観音信仰

中国・浙江省の寧波《にんぽー》に近い海上に舟山《しゅうざん》列島がある。この舟山列島は上海とも近く、またここから東北方向には韓国・済州島あるいは五島列島がある。

中国の観音信仰については、この舟山列島に祀られている普陀山の不肯去観音が著名であり、この普陀山の観音は、上述した中国の四大霊場のうちの観音霊場の観音である。

川村湊氏によると、この不肯去観音について以下の話がある。(15)

唐の時代（西暦八六三年とされる）に慧鍔《えがく》（慧蕚とも）という日本人僧が中国に修行にやって来た。仏教聖地として当時から有名な五台山に登り、そこで彼は熱心に経を読み、参禅したのだが、大殿后院に安置してあった木彫りの観世音菩薩像を見て、その美しさ、神々しさに感歎した。慧鍔のあまりの感歎ぶりを見て、そこの方丈は、彼にその観音像を与えようといった。慧鍔は喜び、日本へ持ち帰って寺を建立することにした。そこで帰国の途についたが、船は普陀山の海にさしかかると航行できず、このため普陀山に戻ってそこに観音を安置したといい、人々はその観音を〝行かざるの観音（不肯去《ふこうきょ》観音）〟と呼ぶようになったという。なお、この慧鍔が持ち帰ろうとした当初の「不肯去観音」はすでに失なわれており、現在ある不肯去観音は十一面観音である。

普陀山観音霊場はいまでも多大な信仰を集めているが、ここには新しく創設された観音がある。一九九七年十月に建てられた観音で、これは、

……島のほぼ南端の岬の上に建てられた南海観音である。金色の白衣観音は、白亜の石の台としての建物の上に、少し前屈みになって立っている。右の掌を立てて施无畏《せむい》の印とし、左の手は胸元に水平にして法輪を持っている。額の上に化仏のあるベールを被

り、穏やかでふくよかな表情をしている。金銅の鋳造で高さは十八メートル、蓮台は二メートル、三層の座基は十三メートルで、下からの高さ三十三メートルは、大観音像としても屈指のものだ。

という[15]。この南海観音が祀られたとき、中国大陸、台湾、タイ、マレーシアなど多くの国から多数の人々が訪れたという。

この南海観音は白衣観音であり、白衣観音は諸観音の母といわれているから、この南海観音は女神と認められる。

千葉氏は、以上のような中国の観音信仰をまとめて、

……南北朝末頃より観音は女性化され、『首楞厳経』では女性像として応現する観音が説かれ、あるいは女身像としての馬郎婦観音などが登場する。そして、道教や民間信仰の女性神崇拝の中に受容されて観音娘娘・送子娘娘などの信仰が生み出され、とくに子授けの神としての信仰を得たことは重要である。すなわち孝の倫理を尊ぶ中国では祖先祭祀が重んじられ、それを行うのは男子でなければならないことから、男子の誕生が喜ばれる一方で、子供を生めない女性は家を断絶する不孝者として離縁された。このような男尊女卑社会にあって女性たちは、子宝に恵まれるよう観音娘娘に祈りを捧げ、女

性である妙善が成道して観音となり父母を教化する観音宝巻の物語が、多くの女性に共感を呼び爆発的に流行したことは当然のことといえよう。

と指摘する。(16)

したがって、中国における観音信仰は、民間信仰のなかで女神信仰と位置づけられる。

第四節　台湾の女神観音

（一）台湾における観音信仰

台湾には十七世紀半ば以降、中国・福建省や広東省などの中国大陸沿岸部から多くの人々が移住したといわれる。したがって、台湾における観音信仰は、これら移住した人たちによる中国の観音信仰を引き継ぐものである。この場合、この時期の観音信仰は、すでに仏教の観音というよりはむしろ道教に取り込まれた観音に対する信仰であろう。

ただ、中国が日清戦争で日本に破れ、一八九五年（明治二十八年）に清朝が日本と下関条約を結び、台湾を日本に割譲してから日本が第二次世界大戦に敗北するまでの間、台湾は日本の植民地とされていたが、この植民地時代に日本から寺社が台湾に進出し、台湾神社を創立したり、日本仏教の各宗派の普及をはかった。このため、たとえば一七四六年に創設された新興宮を日本統治時代に真言宗新高野山弘法寺としたり、各所に八十八所霊場や三十三所霊場をつくることが行われ、観音は仏教のものとして祀られた。日本からの解放後は、上記弘法寺は台北天后宮と改名し、天后（媽祖）を祀る道観になったが、観音仏祖や地蔵王菩薩、さらには弘法大師が祀られたり、日本からの石仏も祀られるなど、現在も日本製の石仏が台湾的な変容を与えられながらも残っている。

台湾における観音信仰については、艋舺《もうこう》龍山寺を忘れることができない。艋舺龍山寺は、一七三八年に創建されたもので、正殿には文殊と普賢をしたがえて中央に本尊の観音菩薩が祀られ、さらに後殿には天上聖母（媽祖）、安産・妊娠・出産を司さどる註生娘々、学問の守り神である文昌帝君、関聖帝君（三国史の関羽）といった道教神も祀られ、仏教と道教とが混淆している。

中国でも台湾でも観音はいまでも深く信仰されているが、観音は女性・女神として敬まわれている。この場合、観音は道教化され、神格化されて、観音娘々あるいは観音媽《ま》（媽は母の意味）として祀られ、台湾においても道教神としておおいに信仰されている。

艋舺龍山寺　祈りをささげる信者たち

台湾で祀られる道教神の数々

この点について、林観潮氏が、

宋代以来、盛んに行われた海外貿易によって繁栄してきた中国の東南地方、すなわち長江下流を抱える江南と、江蘇、浙江、福建、広東をつなぐ東南沿海の全地域にわたって、普陀山を聖地とする観音菩薩信仰は盛んに流行し、ついに中国民衆仏教の中心を占めた。『妙法蓮華経』の「観世音菩薩普門品」に説かれるように、観音菩薩は航海安全や商路安全を守る現世利益を与えるため、海に生計を頼る東南地方の民衆は、とくに信仰を篤くしてきた。一方、儒仏道三教の融合が進行し、民間宗教が成長する状況の中、観音菩薩信仰は、次第に民間宗教と道教に生まれる女神信仰や娘娘《にゃんにゃん》信仰と融合していった。観音菩薩も、仏教の菩薩から道教の女神へと神格化した。

と述べるとおりである。(17)

(ii) 媽祖信仰と観音

中国や台湾において、媽祖は天上聖母、天妃、天后として絶大に信仰されている道教の女神である。媽祖は、その母が観音を夢みて授ったとも、五歳で観音経をよんだともいわれ、観音の分身ともいわれる。

この場合、観音と媽祖の台湾における寺廟数に関して、観音は五百七十二座、媽祖はそれに次いで五百十四座の第二位であるといい(17)、観音と媽祖は台湾において広く祀られ、信仰されていることがわかる。また、上述したとおり、観音は女神とみなされてきたが、

観音菩薩の女性化については、この「東アジア」海域が古くから海上の安全や子孫繁栄、商売繁盛の願いを担ってきた女神信仰の篤い海域であったことも、ひとつの原因と

天上聖母（媽祖）
沖縄県那覇市　天尊廟

なっているのではないかと思う。中国沿海部や台湾には、「媽祖《まそ》」と呼ばれる女神がおり、庶民の現世利益と漁民たちの海上安全の守護神として、現在も根強い信仰を保っているが、その女神ですら、元代の記録によれば、「普陀大士」（すなわち普陀山の観音菩薩を指す）の生まれ変わりとされている。私たちは、訪ねた福建省東山県の漁村で、出漁する漁師たちの船に、この「媽祖」と観音菩薩が並べて乗せられている光景にも出会った。漁師の話によれば、この「媽祖」も観音菩薩も、願うところやご利益は全く同じであり、ありがたいものは何でも乗せておくにこしたことはない、と言う。このように観音菩薩は、その住処が海上の島であったり、海上安全に霊験があったり、海とも深いかかわりを持っている。
といわれ[18]、観音と媽祖はほとんど一体化している。

媽祖は、上記のとおり観音の分身ないし化身といわれるが、もともとは人間であったもので、九六〇年に生まれ、九八七年に亡くなったが、その短い人生のなかで人の病を治し、海

難に遭う船を助ける奇跡を起こして民衆に崇敬されたもの[19]である。媽祖についての霊験譚として、

……巨大な鮫の襲撃を逃れた四艘の商船の乗組員が、風雨のなかに神人が現れて救ってくれたが、一艘の僚船は沈没した、と語ったことがあった。それは十六歳の彼女が機織りのさいちゅうに急に睡魔に襲われたときと一致しており、果たして海岸に彼女の靴が流れ着いていた。呼ばれて眠りから覚めた彼女がいうには、観音の命で鮫に襲われた五艘の船を救いに行き、口と両手両足に一艘ずつ確保して岸に近づいたとき、呼び声に応えようとして口に銜《くわ》えた一艘を失ってしまった、と。別の説話では、沈没した船には、彼女の兄が乗っていたと語られる。

という話[20]が伝えられている。

また、観音は陳靖姑とも関連している。陳靖姑は婦人の出産難を救い、雨を施す女神として信仰され、南宋になって理宗より陳靖姑に「天仙聖母青霊普化碧霞元君《へきかげんくん》」という号が贈られたものであるが、「陳靖姑の信仰は、仏教が発達している福州地方に伝播するに従い、すぐに観音菩薩の信仰とも習合していく。福州の民衆は、陳靖姑が観音菩薩の指血から化生したと伝える。」といわれている。[21]

このように、中国や台湾において、観音は道教のなかで女神として信仰され、この点から媽祖や陳靖姑といった道教女神と容易に習合していったことが認められる。

なお、中国、台湾において、神仏はそれぞれの誕生日をもつ。観音の祝聖日については、聖誕二月十九日、成道六月十九日、出家九月十九日とされる。[22]ちなみに媽祖（天上聖母）の誕生日は三月二十三日であり、陳靖姑の誕生日は一月十五日である。また、斉天大聖、すなわち孫悟空の誕生日は十月十二日とされる。なお、上記の日はいずれも旧暦である。[23]

持経観音
台湾基隆市中正公園　大仏禅寺

第五節　ベトナムの女神信仰

トラン・クォック・フォン氏によると、[24] ベトナムには紀元前後に仏教が伝来したといわれ、この場合、スリランカやタイ、カンボジアなどを経て上座仏教が伝えられる一方、これとは別に中国を経由して大乗仏教が伝播したものであるが、ベトナムでは、古来より観音菩薩像が多く造られてきたといわれる。

ここで、ベトナム社会については、

ベトナム原始社会では、母系社会であるため母方がきわめて尊重され、家庭の中で主となって、すべての事柄を決めている。また、村族の中においても高い地位を占め、重要な役割を果たしている。母方の系譜が優先され、財産の相続や地位の継承などが、母から娘、娘からその娘へと行われている。このような風俗、観念は、ベトナム人の思想や考え方、精神生活に長く深く影響を及ぼしてきた。とくに、すべての物事に霊的存在があるとみなす信仰においても、女性的属性の観念を受けて、女神・母神を崇拝してきた。その上、ベトナムは農耕の国であるので、豊かな稲の収穫を得るため、すべての自然現象を天・地・水・雲・雨・雷・電・風などの不思議な能力を持つ女神・母神が管理し、支配すると信じて、それぞれの女神・母神を崇拝することによって、ベトナムの聖母信仰は展開されてきた。

というものであり、ベトナムには、伝統的民間信仰として三府・四府聖母崇拝という信仰が広くみられるという。

三府とは、三座聖母ともいい、天府・地府・水府といわれている。天府は天界を管理し、支配する天仙聖母の場であり、地府は大地を管理し、支配する地仙聖母の場であり、水府は水界を管理し、支配する水仙聖母の場であるといわれている。それらの三府と、山岳界を管理し、支配する岳仙聖母の場であるという岳府を加えると、四府（四府公同）という体系を形成する。

この場合、天仙聖母は聖母信仰のなかでもっとも地位が高く、聖母の母といわれている。天仙聖母は実在の歴史上の人物であり、柳行公主の化身といわれている（柳行公主は天上の玉隍上帝の公主である）が、観音菩薩はこのような三府・四府聖母より上位におかれ、

観音菩薩は、ベトナムでは一般的に仏婆観音と呼ばれている。とくに聖母信仰を持つ人々にとっては、観音菩薩を仏婆観音と呼ぶことで、仏教と聖母信仰はより深い結びつきがあると感じられるという。キエウ・オアン・マウの『先普訳録』には、仏婆観音は柳行公主を救済したことがあり、その因縁で柳行公主は仏・法に帰依し、仏の弟子に

なったという伝説が説かれている。よって、三府・四府聖母信仰の中で、仏をも崇拝すると同時に、聖母殿では観音菩薩は最も高い場所に安置され崇拝されている。
という。したがって、ベトナムにおいても、観音と女神との結びつきがみられる。

第六節　朝鮮半島の仏教信仰

朝鮮には、紀元前二千年以上前に檀君《たんぐん》が開国したという伝説があるが、特に日本との関係では、現在の平壌近傍にあった楽浪郡やその南の帯方郡に日本（倭）からの使者を送ったことが中国の史書『漢書』や『後漢書』に記載されていることから、朝鮮と日本（倭）とは早い時代から交流があったことが知られる。

その後、朝鮮半島における高句麗、百済、新羅の三国時代に仏教が中国から伝来された。この場合、高句麗に対する仏教初伝は三七二年、百済への仏教初伝は三八四年とされ、また新羅の仏教公認は五二七年であるといわれる。(25)

三国時代の後は、新羅が唐と連合して百済、高句麗を滅ぼし、さらに唐との戦争を経て統一新羅時代（六六八―九三五）となるが、この時代については、

……諸王は仏教を崇拝し、仏教がいわば国教となった時代であった。そして、数多くの仏寺が建立され、その中には、仏国寺《プルグクサ》や石窟庵《ソックラム》など、現在、世界遺産に登録されている建造物もある。この時代を仏教思想の立場から見ると、ほぼ前期と後期とに分けられる。前期は法相宗《ほっそうしゅう》や華厳《けごん》宗などの教学が隆盛した七世紀半ばから八世紀であり、後期は禅《ぜん》思想が流入を始めた九世紀から十世紀初めである。

という(26)。

この時代の著名な僧は、元暁《ウォンヒョ》（六一七―六八六）と義湘《ウイサン》（六二五―七〇二）である。元暁は義湘とともに入唐しようとしたが、その途上で「三界唯心、万法唯識」（世界は自分の心が投影されたものにすぎない）という道理を悟り、入唐の志を捨てたとされる。その後還俗し、寡《か》公主と結婚し、小姓《ソソン》居士と号し、多くの人びとを教化したと伝えられ、元暁の思想は中国華厳宗の大成者である法蔵や澄観に影響を与えたといわれている。

義湘は入唐して華厳宗第二祖の智儼に師事し、朝鮮に華厳宗を根づかせた。義湘は法蔵と智儼下にあって同窓であり、義湘が帰国した後も親しく交誼したという。

義湘については善妙との逸話が知られている。義湘が新羅から船に乗って着いた唐の港で

善妙と出会う。義湘にひとめぼれした善妙は義湘に言い寄るが、義湘は長安に向かい、智儼の教えを受ける。その後、帰国の途についた義湘は善妙に黙って船出する。善妙はそれを追って海に身を投じる。――川村湊氏は、そのあとの有様を以下のように描写する。(27)

たちまちに、善妙の姿は巨大な龍と変わり、波浪の上を稲妻が光り、墨を流したような黒雲が舞い上がり、群青《ぐんじょう》と白の荒波が、義湘たちの乗った船に押し寄せる。驚き、あわてる船上の人々。だが、義湘は泰然自若としてうろたえる様子すら見せない。船縁には善妙の用意した贈り物箱が打ち付けられている。

船に追いついた龍は、その背に船を載せたまま、龍頭の龍船となって、大波に乗り、波しぶきを散らせて、いっきょに新羅国の港にまで義湘の船を送り届けたのである。善妙は義湘への恋慕と怨念のあまりに龍となったが、義湘の仏法の教えを守るための護法神となり、彼のために寺院の建立に尽力し、新羅の華厳宗の祖師としての義湘を支えたのである。

この義湘と善妙の物語については、京都・高山寺に伝わる『華厳宗祖師絵伝』といわれる絵巻物にも描かれており、そこでは善妙は竜になって義湘をたすけ、最後は仏教の護法神になるもので、このことからすると、善妙は竜の応現身である竜頭観音ともみなし得るものである。なお高山寺には、湛慶の作と伝えられる善妙神立像が祀られており、これはなまめかしさを内奥に秘めた清らかな立像である。

朝鮮半島の歴史のなかで、朝鮮王朝時代（一三九二―一九一〇）は、宮廷女性が王室内の仏教信仰を守った場面もあったといわれるが、儒教が主体である。

その後、日本による朝鮮半島植民地時代には、日本の各宗派が仏教普及を行ったが、現在の韓国は上述したようにキリスト教徒が多く（全人口の三十％強）、仏教徒は二十五％弱だという。

なお、韓国の仏教界において、最近亡くなられたが、法頂《ポプチョン》禅師(28)はすぐれた見識をもち、だれでもが尊敬し得る禅師であることを書きしるしたい。

仏教美術については、朝鮮半島に仏教が伝来したのは三国時代であるが、

……三国とも中国の仏教美術の影響を受けるとともに、三国間において互いに影響を及ぼしながら、各国独自の仏教美術が展開していく。七世紀後半、新羅によって半島の統一がなされると、これまで以上に高句麗式・百済式・新羅式の仏教美術の融合が生じ、また、中国・日本とも頻繁な交流を行うことにより、多角的な融合を目指した統一新羅の仏教思想のもと、造寺・造仏が一層盛んに行われる。しかし、十三世紀以降、蒙《もう》

双弥勒像　韓国・龍尾寺

釈迦如来磨崖仏　韓国・僧伽寺

古《こ》侵入による不安と国力の衰退および仏教に代わり儒教《じゅきょう》と道教《どうきょう》が本格的に信仰され始めたことなどにより、造形的な衰退を招く。という。(29)

ただ、六世紀後半から七世紀後半の一世紀の間に半跏思惟菩薩像が制作されているが、この半跏思惟菩薩像は日本においては広隆寺の弥勒菩薩像として知られているものであり、中宮寺の如意輪観音像も半伽思惟菩薩像である。

また、朝鮮半島における神像として、七世紀前半の南山仏谷《ナムサンブルゴク》の龕室《がんしつ》女神坐像や八世紀後半の慶州市狼山《ナンサン》磨崖女神三尊坐像があるが、これらと日本の女神像との関連について、朴氏は、

日本最古の女神像の一つである京都・松尾《まつお》大社の伝市杵島姫命《いちきしまひめ》像（九世紀中頃）が仏《プル》
谷《ゴク》像の系統であることから、新羅の女神像が日本の女神像成立に関連している可能性が高いと思われる。また、両像とも仏像の形式に従っており、特に狼山像は仏教に帰依《きえ》した姿をしており、仏像の影響を受けて山神も女神として造形化された可能性が高いと思われる。

という（29）。

なお、統一新羅時代の七五一年頃に造られた慶尚北道慶州《キョンジュ》市石窟庵の十一面観音菩薩立像は優美な像である。

【註】

1 鎌田茂雄『仏教の来た道』講談社（２００２年）40～41頁

2 木村清孝「中国の仏教」〔『新アジア仏教史06 中国Ⅰ』に所収〕佼成出版社（平成22年）46頁

3 千葉照観「唐代より現代にいたる観音信仰」〔前掲第一章1に所収〕316頁

4 野口鐵郎・田中文雄編『道教の神々と祭り』大修館書店（２００４年）42～43頁

5 鎌田茂雄：前掲1 28頁

6 速水侑『観音信仰』塙書房（１９７０年）13～14頁

7 千葉照観：前掲3 288・290頁

8 石田尚豊監修『ブッダ大いなる旅路3 救いの思想 大乗仏教』日本放送出版協会（１９９８年）

151～155頁
9　千葉照観：前掲3　316・322頁
10　彌永信美：前掲第一章7　365・366・391頁
11　川村湊『補陀落　観音信仰への旅』作品社（2003年）121～122頁
12　中野美代子『西遊記〔五〕』岩波書店（2005年）347～381頁
13　石田尚豊：前掲8　149～150・144頁
14　千葉照観：前掲3　315～316頁
15　川村湊：前掲11　108頁
16　千葉照観：前掲3　325頁
17　林觀潮「台湾の仏教と神々」〔前掲第二章2に所収〕239・242頁
18　石田尚豊：前掲8　150～151頁
19　林觀潮：前掲17　242頁
20　野口鐵郎等：前掲4　76～77頁
21　林觀潮：前掲17　247頁
22　千葉照観：前掲3　319～320頁
23　中国・台湾の神々の誕生日については窪徳忠『道教の神々』〔講談社学術文庫〕に詳しい。
24　トラン・クォック・フオン「ベトナム仏教に影響を与えた民間信仰について」〔前掲第二章2に所収〕172～190頁
25　釈悟震「韓国仏教における神々」〔前掲第二章2に所収〕254頁
26　佐藤厚「統一新羅時代の仏教」〔『新アジア仏教史10　朝鮮半島・ベトナム』に所収　佼成出版社〔平成22年〕66・77頁

27 川村湊：前掲11　69頁

28 法頂禅師の著作としては、『無所有』、『すべてを捨てて去る』、『生きとし生けるものに幸いあれ』、『清く香しく』がある。特に、『無所有』（金順姫訳・東方出版）には、〝所有〟について以下の至言がある。

事実、この世に生を受けた時、何も持ってこなかった。与えられた寿命を生ききって地上の籍から離れる時も、何も持たずに去っていくことであろう。それなのに、生きているうちにあれこれと「私のもの」が生じてきたのだ。もちろん日常使う必需品であるとも言える。しかし、絶対になければならないものだけであろうか。考えれば考えるほど、必ずしもなければならないというものは少ない。

私たちは必要に迫られていろいろな物を持つようになるが、時には、その物のためにあれこれと心をわずらわすことになる。必要に迫られて持ったものが、かえって、私たちを不自由に縛ってしまうことになる。つまり、何かを持つということは、一方では何かに囚われるということになれば、主客転倒であり、私たちは所有されてしまうことになるのである。それゆえ、たくさん所有しているということは、普通、自慢になっているが、それだけ多くのものに縛られているという側面も同時に持っているということになるのである。

29 朴亨國「朝鮮半島の仏教美術」〔前掲26に所収〕262・280頁

【参考文献】

新アジア仏教史06　仏教の東伝と受容　中国Ⅰ　南北朝
新アジア仏教史07　興隆・発展する仏教　中国Ⅱ　隋唐
新アジア仏教史08　中国文化としての仏教　中国Ⅲ　宋元明清
新アジア仏教史10　漢字文化圏への広がり　朝鮮半島・ベトナム

小林太市郎「唐代の大悲観音」（『観音信仰　民衆宗教史叢書7』）雄山閣出版（昭和57年）

第五章　日本への仏教伝来

第一節　仏教の伝来前

（ｉ）縄文・弥生・古墳時代

人類の発生については、約四百万年前に猿人が現れ、約十五万年前に現在の人類・新人（ホモ・サピエンス）が現れたといわれている。日本においては、約四万年前に人が住みつき（多くは東南アジア・中国南部・朝鮮半島を経て日本列島に渡来したとされる）[1]、そこから約一万五千年前までが後期旧石器時代である。

その後、縄文時代が紀元前八〇〇年頃まで続く。縄文時代の遺跡としては、青森県の三内丸山遺跡が著名であり、これは縄文時代初期から中期に至るものである。縄文時代後期の遺跡としては、秋田県の大湯環状列石（ストーンサークル）がよく知られている。そのほかにも、青森県や秋田県、岩手県、北海道南部には数多くの縄文遺跡がある。

弥生時代は、紀元前八世紀頃から紀元後三世紀前半であり、次いで古墳時代が六世紀まで続く。

弥生時代の遺跡としては、佐賀県の吉野ケ里遺跡が有名である。

また、『漢書・地理志』によると、紀元前後の日本は〝倭〟とよばれ（日本が〝日本〟と自称し、そして他称されるようになったのは八世紀頃であり、それまでは〝倭〟といわれていた）、倭は百余の国々にわかれ、朝鮮半島北部におかれた漢の楽浪郡に使いを送っていたとされ、『後漢書・東夷伝』には、倭の奴の国王が紀元五十七年に後漢の光武帝に使いを送り、「漢委奴国王」と印された金印（現在は福岡市博物館に展示されている）を授けられたことが記載されている。

（ii）卑弥呼と神功皇后

弥生時代の末期は邪馬台国の卑弥呼の時代である。卑弥呼は、楽浪郡の南に設けられた帯方郡を経由して魏と通交し、二三九年には魏の皇帝から「親魏倭王」の称号と印授が与えられたという。卑弥呼は二四八年頃に亡くなり、その後倭女王壱与（台与）が二六六年に晋《しん》に使いを送ったといわれる。邪馬台国の位置については九州説と畿内説があるが、畿内説が有力視され、この場合、卑弥呼の都が奈良県纏向《まきむく》遺跡であり、箸墓《はしはか》古墳が卑弥呼の墓とも考えられている。

卑弥呼の時代は、『日本書紀』では神功皇后の時代に対応する（日本書紀年表(2)によれば天皇年号・神功一―六九年は西暦二〇一―二六九年に相当する）。『日本書紀』には神功皇后が

卑弥呼であるとは明示されていないが、神功皇后紀には、

三十九年、この年太歳己未《つちのとひつじ》。――魏志倭人伝《ぎしわじんでん》によると、明帝の景初三年六月に、倭の女王は大夫難斗米らを遣わして帯方郡に至り、洛陽の天子にお目にかかりたいといって貢をもってきた。太守の鄧夏は役人をつき添わせて、洛陽に行かせた。

四十年、――魏志にいう。正始元年、建忠校尉梯携《けんちゆうこういていけい》らを遣わして詔書や印綬をもたせ、倭国に行かせた。

四十三年、――魏志にいう。正始四年、倭王はまた使者の大夫伊声者掖耶ら、八人を遣わして献上品を届けた。

と記載され(3)、倭の女王（つまり卑弥呼）が神功皇后であることを示唆する。

ここで箸墓は卑弥呼の墓と推定されるとしたが、『日本書紀』によると、箸墓は三輪山大《おお》神《みわ》神社の祭神大物主神の妻となった倭迹迹日百襲姫《やまとととひももそひめ》命の墓といわれ、この倭迹迹日百襲姫命に関する話は崇神天皇の紀元前八十八年（上記日本書紀年表による）ごろの話となる。

なお、神功皇后陵は、近鉄京都線の奈良・西大寺駅の北方にある狭城盾列《さきたてなみ》池上陵とされる。ちなみに、その南東側に、崇神天皇の次の垂仁天皇の皇后であり、それまでおこなわれていた殉死を止め、その代りに埴輪を立てるようになったといわれる日葉酢媛《ひばすひめ》命の陵といわれる狭木之間陵があり、そのすぐ南側に古代日本の最後の女性天皇である孝謙・称徳天皇陵

孝謙・称徳天皇陵

がある。またその東側にある陵が仁徳天皇が八田皇女《やたのひめみこ》を入内させようとしたことを嫉妬し不和となった皇后・磐之《いわの》媛《ひめ》の陵とされ、さらに東大寺転害《てがい》門の近くに聖武天皇と光明皇后の佐保山東陵がある。この佐保山東陵の北方には元明天皇陵、元正天皇陵があり、このように近鉄京都線の西大寺駅と奈良駅との間には多くの古代女性天皇陵、皇后陵がある。

大型古墳については、大阪府堺市にある古市古墳群のなかの日本最大の大仙陵《だいせんりょう》古墳（伝仁徳天皇陵、長さ四八六m）と、羽曳野《はびきの》市の百古鳥《もず》古墳群のなかにある大きさ二番目の誉田《こんだ》御廟山《ごびょうやま》古墳（伝応神天皇陵、長さ四二五m）が知られている。

（iii）古墳時代後期——倭五王・継体天皇

五世紀の初期から後期にかけては、倭の五王（讃、珍、済、興、武）が中国・宋に使者を送ったことが、『宋書・倭国伝』に記されている。このうち武王については、雄略天皇（大泊瀬幼武《わかたける》天皇）であることが、埼玉県行田市の稲荷山古墳および熊本県玉名郡の江田船山古墳から出土した鉄剣の王名がワカタケル（獲加多支鹵大王）と印されていることから認められるようになった。

『日本書紀』によると、六世紀の初めに継体天皇が即位し、手白香皇女《たしらかひめみこ》を皇后に立てたとされる。継体天皇は応神天皇の五世の孫にあたるとされているが、継体天皇の前の武烈天皇でそれまでの系統が途切れたとされていることを考えると、継体天皇においてそれ以前とは系統の異なる新たな王権が誕生したとも推察される。この場合、手白香皇女は武烈天皇の姉とされており、手白香皇女を皇后とすることで、『日本書紀』は前王権を引き継いだとする体裁を保ったものと思われる。ちなみに、継体天皇陵が大阪府茨木市太田あるいは高槻市郡家新町とされているのに対し、手白香皇女の衾田陵が奈良県天理市中山町とかなり離れてあることを指摘したい。

第二節　仏教伝来後――飛鳥・白鳳・奈良時代

（ⅰ）仏教の伝来

欽明天皇の時代に仏教が百済の聖明王からもたらされた。これは仏教の公伝であるが、『日本書紀』では五五二年伝来とされる一方、『元興寺縁起』などでは五三八年伝来説をとなえ、現在では後者の説が有力であるが、いずれにしてもこれらは公伝であり、倭（日本）はそれ以前から朝鮮半島（高句麗、百済、新羅、任那）との交流があり、また四世紀末頃から多くの朝鮮半島の人々が渡来したことからすれば、かなり以前から仏教が伝来したことは明らかである。

ただ、仏教が本格的に取り入れはじめたのは、蘇我馬子による法興寺（飛鳥寺）の建立や厩戸皇子によると伝えられる難波の四天王寺の建立からであり、飛鳥時代の初めからである。一方で、庶民層における仏教信仰は、朝鮮半島から渡来した人々を通して徐々に浸透していったと思われる。

なお、『日本書紀』によると、敏達天皇十三年（五八四）に、蘇我馬子は、司馬達等の娘ら三人を出家させた。善信尼とその弟子禅蔵尼、恵善尼であり、馬子はこれら三人の尼を崇め尊んだとされる。したがって、日本において、最初の出家者は尼であることになる。これは、『日本書紀』の記載では、最初に天照大神を伊勢に祀ったのは倭姫命とされ、また実際に天照大神を祀ったとされる初代斉宮が大来皇女《おおくのひめみこ》とされるように、神を祀るものは女性であり、巫女とされているが、仏教が日本に伝来されたとき、仏は蕃神《あだしくにのかみ》、つまり外国の「神」と考えられたことから、この神を祀るものは巫女であるとして三人の女性を出家させたものであろう。

(ii)〝聖徳太子〟の謎

飛鳥時代は主に聖徳太子、推古天皇の時代といわれている。しかしながら、聖徳太子に関して、厩戸王は実在していたとしても、聖徳太子は実在していなかったと主張しているのが大山誠一氏である。それを受けて、吉田一彦氏は、津田左右吉氏らの研究をたどりながら、憲法十七条、三経義疏、法隆寺金堂の薬師如来像光背や釈迦三尊光背の銘文、天寿国曼荼羅繍銘など、聖徳太子の事跡とされたすべての事跡が、〝聖徳太子〟が生存していたとされる時期のものではなく、大化改新以後、白鳳・天平・奈良時代のものであるといい、そして大山氏の主張については、「厩戸王は実在の人物であるが、生年や系譜関係、および斑鳩宮造営・斑鳩寺建立は何とか確認できるものの、それ以外はほとんど実像が不明の人物とした。一方の『聖徳太子』は、この厩戸王を材料として『書紀』の作者たちによって創作された人物で、そこに記される多くの業績は造作にすぎず、つまるところ創作上の架空の人物としなくてはならないと説いたのである。」と要約する。(4)また大山氏自身は、「聖徳太子が架空の人物であったとなると、直接の影響を被るのが推古である。よくよく史料を調べてみると、彼女が大王であった事実を伝える史料は、すべて、後世に作られた聖徳太子関係のものばかりである。」と論じ、(5)そしてこのような虚構を創作したのが藤原不比等であろうと論じる。

実際、聖徳太子時代の事跡とされたすべての資料が否定された現状では、大山氏、吉田氏の考察に同意する。ただ、聖徳太子が実在しなかったということと、多くの日本人が聖徳太子の伝承された事跡を信じ、聖徳太子を敬い信仰したこととは区別されるべきであろう。

ところで、聖徳太子が制定したといわれる「十七条憲法」がある。その内容の概略を宇治谷孟氏の『日本書紀』現代語訳で示すと以下のとおりである。(6)

一にいう。和を大切にし、いさかいをせぬようにせよ。

二にいう。篤《あつ》く三宝を敬うように。三宝とは仏《ほとけ》・法《のり》・僧《ほうし》である。

三にいう。天皇の詔《みことのり》を受けたら必ずつつしんで従え。

四にいう。群卿《まえつきみたち》（大夫）百寮《つかさつかさ》（各役人）は礼をもって根本の大事とせよ。民を治める根本は必ず礼にある。

五にいう。食におごることをやめ、財物への欲望を捨て、訴訟を公明に裁け。……この頃訴訟を扱う者が、利を得ることを常とし、賄賂《わいろ》をうけてから、その申立てを聞く有様である。

六にいう。悪をこらし善を勧めるのは、古《いにしえ》からのよい教えである。

七にいう。人はそれぞれ任務がある。司《つかさど》ることに乱れがあってはならぬ。

八にいう。群卿や百寮は早く出仕し、遅く退出するようにせよ。公務はゆるがせにできない。

九にいう。信《まこと》は道義の根本である。何事をなすにもまごころをこめよ。

十にいう。心の怒りを絶ち、顔色に怒りを出さぬようにし、人が自分と違うからといって怒らないようにせよ。

十一にいう。官人の功績・過失をはっきりと見て、賞罰は必ず正当に行え。

十二にいう。国司《くにのみこともち》や国造《くにのみやっこ》は百姓から税をむさぼってはならぬ。

十三にいう。それぞれの官に任ぜられた者は、みな自分の職務内容をよく知れ。

十四にいう。群臣や百寮はうらやみねたむことがあってはならぬ。

十五にいう。私心を去って公につくすのは臣たる者の道である。
十六にいう。民を使うに時をもってするというのは、古《いにしえ》の良い教えである。
十七にいう。物事は独断で行ってはならない。必ず衆と論じ合うようにせよ。

この「十七条の憲法」は、『日本書紀』の編纂段階で創作ないしは脚色されたものと推定されるが、倉本一宏氏によれば、『日本書紀』編纂時の加筆や潤色を受けているとしても、その内容の素朴さから当事の未熟な政治体制を表わすとされる。(7) ただ、いずれにしてもその内容は現在社会にも十分妥当する、特に君(政府)および臣(官僚)に対する教訓であると思われる。

(iii) 乙巳の変以後

政権は乙巳《いっし》の変、大化改新の後、白村江の敗北を経て、天智天皇の時代となり、天智天皇は都を近江大津に移すが、その死後、壬申の乱で勝利した天武天皇(天智天皇の実弟)およびその皇后であった持統天皇(天智天皇の娘)の時代へと変わる。

なお、〝天皇〟という称号は、天武天皇の時代の後期ないし持統天皇の時代に初めて使わ

れるようになったといわれる。〝天皇〟という称号が使われる以前は〝大王〟といわれてお
り、また〝皇后〟、〝皇太子〟も、〝天皇〟という称号が用いられるようになってからの称号
である。したがって、天智以前の〝天皇〟は〝大王〟と称すべきであろうが、天智以前の大
王も天皇とよぶ習わしがあることから、本書も慣用にしたがう。

持統天皇は六八六年に即位され、その後、文武、元明、元正、聖武、孝謙、淳仁、称徳
（孝謙の重祚）、光仁と天皇が続くが、持統天皇の即位から光仁天皇の終り（奈良時代の終
り）までの九代八名の天皇の約百年間において、持統、元明、元正、孝謙、称徳の女性天皇
の時代は約半分である。この場合、聖武天皇の時代は二十五年の長期に亘るから、これを除
くと三分の二が女性天皇の時代である。特に孝謙天皇は、聖武天皇の時代に皇太子となった
が、女性が皇太子になったのは孝謙天皇が最初でかつ最後である。

また、孝謙天皇は一度退位して出家し、その後に出家したまま重祚して天皇の位に立つ
（称徳天皇）が、僧（尼）のまま天皇であったのも、孝謙・称徳天皇が最初で最後である。
この場合、義江明子氏は、

譲位後に出家した孝謙は尼の身で重祚し、「帝の出家していいます世には出家して在る
大臣も在るべし」として道鏡を大臣禅師、ついで太政大臣禅師とした。そこからさらに
法王（仏法の王）に任じ、天皇に擁立するのは、たしかに逸脱である。しかし、大平聡

のいうように、仏教を軸に王権を主体とする国家統合をなしとげることは、天平期の基本的な国家政策である（大平一九八九）。勝浦令子も、称徳の構想は、「三宝の奴」として大仏の前に額ついた聖武の課題を受け継ぐものとみる（勝浦二〇〇〇）。仏教による国家統合と、皇位選定についての王権の自律性志向とが奇妙に結合したところに、道鏡擁立という事態は生じたといえよう。と論じる。(8) なお、孝謙・称徳天皇については道鏡との醜聞がよく語られるが、これは女性に対する差別観や不浄観に基いて平安時代の末期以降に特に顕著に現れるものであり、私度僧（尼）とは異なり、正式に受戒したであろう孝謙・称徳天皇が性的な点から道鏡を優遇したとは思われない。

この時代は多くの寺院が建立され、それに応じて多数の仏像がつくられた時代である。この時期に建立された寺院を挙げると、法興寺（飛鳥寺）、四天王寺、広隆寺、法隆寺（法隆寺は六〇七年に創建されたが、六七〇年頃に落雷によって焼失し、その後再建されたものである）、大安寺、山階寺（興福寺）、三井寺、元興寺、薬師寺、それに東大寺などがある。また、地方に国分寺、国分尼寺も建立され、奈良時代、特に聖武天皇の時代に仏教が隆盛し、七五二年には東大寺に大仏（盧遮那仏）が造立された。観音信仰も天皇を中心とした中央支配層に限られず、地方豪族や庶民の間で広がりをもつに至ったものである。

第三節　神仏習合

奈良時代の前後頃から、諸地域で崇められている神（先祖神）と仏とが融合されるようになった（神仏習合）。

日本において、神（＝先祖）への信仰は、縄文、弥生のむかしからおこなわれていたと思われる。それは、縄文時代の環状列石や三内丸山遺跡にみられる墓の跡、弥生時代の吉野ケ里遺跡の墳丘墓、さらに古墳時代の前方後円墳などから明らかなように、死者への祈り、そして先祖への追悼であったであろう。また、収穫への願いや怪我、病気からの回復の祈り、さらには日月や風雨に対する天への祈りもあったであろうが、これらの信仰はその土地、地域のなかでの同族内での信仰であったと思われる。このような信仰のなかから、皇室神として天照大神、藤原氏の神として武甕槌《たけみかづち》神や経津主《ふつぬし》神など、各氏族の神がそれぞれ祀られるようになった。この時代の神信仰は自己が属する氏の先祖神への信仰であり、たとえば天照大神は天皇家の祖先としての信仰で、当初は天皇家以外のものからの礼拝は閉じられていたという。その後、平安時代末期には、平家の焼打ちにあった東大寺の復興を祈って重源が参詣したり、西行による参詣などもおこなわれるようになった。また、一般庶民が広く伊勢参りをおこなうようになるのは江戸時代に入って伊勢信仰が大衆化されてからである。

ただいずれにしても、先祖という個別的な信仰からそれを包括する信仰が生じ、これにより仏教が浮上し、個別の神も仏を頼るようになり、そこに神仏習合思想が生まれたと思われる。

神仏習合は、当初は神が仏に吸収されたような「神身離脱」や「護法善神」の考えから生じた。「神身離脱」は神の身であっても苦悩があることから、仏教に帰依して神の身を離れることを願うというもので、この考えから神宮寺が設立され、僧が神のために誦経することがおこなわれた。このような神宮寺としては、越前国・気比神宮寺（七一五年）、豊前国・宇佐八幡神宮寺（七二五年）、常陸国・鹿島神宮寺（七四九―七五七年）、伊勢国・多度神宮寺（七六三年）や伊勢大神宮寺（七六六年）がそれぞれ創建されるなど、多くの神宮寺が設けられた。(9)

一方、「護法善神」は、神が仏を守護するもので、東大寺の大仏を守護した宇佐八幡神が例として挙げられ、東大寺法華堂の近くに手向山八幡宮がある。なお、日本の神ではないが、持国・増長・広目・多聞の四天王や吉祥天、弁才天などは護法善神である。

このような神身離脱思想や護法善神思想についで本地垂迹説が生じる。本地垂迹説とは、本地である仏や菩薩が仮に神の姿（垂迹）として現れ、衆生を救うとした考えである。

ここで、吉田一彦氏は、神仏習合思想は日本固有の思想ではなく、汎アジアの思想であると以下のように指摘する。(10)

神仏習合というと、日本宗教史、日本文化史の特質の一つとして論じられることが多く、日本固有の宗教観念から発生した現象のようにとらえる見解も少なくない。しかしながら、宗教がさまざまな形で習合することは広く世界的に見られる一般的現象であっ

て〔M・エリアーデ―二〇〇〇年〕、東アジア世界においても普通に見られると言っててよい。日本のみの固有の宗教現象ではないのである。在来の神々と外来の仏教との習合も、すでに中国において広く展開していた。中国仏教では、仏教と神々とが習合するにあたって、これを説明し、正当化する論理が生み出され、くりかえし説かれてきた。私見では、日本古代の神仏習合は、中国の神仏習合の強い影響を受けたものであって、神宮寺《ぐうじ》（神社など神をまつる施設に併設して建立される寺院のこと）の建立や、神《じん》前読経《ぜんどきょう》（神に対して仏教の経典を読経すること）などの際に語られた説明、用語は、中国仏教

で説かれていたそれをそのまま借用したものと考えてよい。古代日本は、朝鮮半島や中国から仏教を受容したが、その際、あわせて神仏習合のあり方やその論理、用語も、受容、模倣したと考えられる。

また、門屋温氏も、

……仏教は、中国の固有信仰に影響を与えて「道教」という名を与え、道教文化を花開かせた。同じようにわが国においても、固有信仰に影響を与えて「神道」を生み出したのである。つまり「神道」が生まれたこと自体が、すでに「神仏習合」であったと言ってもよいのである。仏教は、その伝播した地域の至る所で「神仏習合」を引き起こし、まるで万華鏡のように多彩なアジアの宗教世界を構築するのにあずかってきたのである。

と論ずる(9)。

日本において、どのような神がどの仏、あるいは菩薩（本地）の垂迹であるのかの具体例は後述するが、本地垂迹説は、鎌倉時代後期から室町時代にかけて神道家のなかで神、特に本源神としての天照大神の理論化が進み、天照大神と大日如来とを等置した、あるいは天照大神を本地とするような反本地垂迹説も説えられるようになった。また、明治時代になって政府により神仏分離がなされ、これによりそれ以降、神と仏とが隔絶したものととらえられるようになった。

しかし、日本の庶民にとっては、神も仏も分けへだてなく祀り、信仰してきたものであった。たとえば、特に江戸時代以降に庶民の間では十九夜念仏信仰があり、十九夜塔、子安塔、二十二夜塔を建てるなどの信仰が盛んになったが、ここで祀られる如意輪観音は仏であるとともに神であり、むしろ神とか仏とかを意識することもなく、神と仏とが〝ごっちゃ〟になって信仰されてきたものである。

吉田氏や門屋氏の指摘にもあるように、仏教は各国でその国に適したかたちで信仰されてきたものであり、日本においても、仏教は、結局神と習合して受け入れられたものであり、神との習合で日本化することなしには受け入れられなかったと思われる。

【註】

1 佐藤宏之「日本列島の成立と狩猟採集の社会」〔『岩波講座日本歴史第1巻原始・古代1』に所収〕岩波書店（2013年）32頁

2 校注・訳者小島憲之等『新編日本古典文学全集2　日本書紀①』小学館（1994年）569頁

3 宇治谷孟『日本書紀（上）』講談社（2019年）201〜202頁

4 吉田一彦「近代歴史学と聖徳太子研究」〔『聖徳太子の真実』に所収〕平凡社（2014年）94頁

5　大山誠一「『日本書紀』の構想」（前掲4に所収）217頁
6　宇治谷孟『日本書紀（下）』講談社（２０１９年）92～97頁
7　倉本一宏「大王の朝廷と推古朝」（『岩波講座日本歴史第2巻　古代2』に所収）岩波書店（２０１４年）25頁
8　義江明子『日本古代女帝論』塙書房（２０１７年）112頁
9　門屋温「神仏習合の形成」（『新アジア仏教史11　日本Ⅰ　日本仏教の礎』に所収）佼成出版社（平成22年）267・257頁
10　吉田一彦『古代仏教をよみなおす』吉川弘文館（２００６年）152～153頁

【参考文献】
新アジア仏教史11　日本Ⅰ　日本仏教の礎
新アジア仏教史12　日本Ⅱ　躍動する中世仏教
新アジア仏教史13　日本Ⅲ　民衆仏教の定着
新アジア仏教史14　日本Ⅳ　近代国家と仏教

第六章　日本の観音信仰

第一節　仏教の伝来と観音信仰

仏教が名実ともに受け入れられたのは、蘇我馬子らが物部守屋を滅ぼし（五八七年）、法興寺（飛鳥寺）を着工し（五八八年）、難波四天王寺を創建した（五九三年）頃からと思われる。

一方、観音像については、法隆寺献納宝物四十八仏のうち、辛亥年（六五一年）銘をもつ金銅仏が最も古いとされている。この場合、仏教の受け入れは、上述したように公伝時期もしくはそれより溯るものであるが、観音信仰については、速水侑氏は、

では、大化前代における観音信仰伝来成立の可能性は認められないかというと、私は、以上のごとく文献的確証は得られぬにしても、中国・朝鮮の仏教界の動向から推して、飛鳥朝における観音信仰伝来の可能性は、むしろ大きいと思うのである。

北魏を中心とする中国仏教における観音信仰の盛行についてはすでに述べたが、大化前代の日本仏教に直接大きな影響を及ぼした六・七世紀の朝鮮においても、観音信仰は、広く成立していた。

古新羅末期における観音信仰の隆盛は、同時代の作と推定される金銅観音像の出土に

よって明らかだが、わが初期仏教に最も大きな影響を及ぼした百済でも、観音信仰は盛んであった。

と指摘する。(1)

ここで速水氏は、日本における初期の観音信仰について、

……竜門を中心とする、北魏ないし隋・初唐の観音信仰は、『法華経』を教義的背景としつつも、その実体においては、他尊の信仰同様、亡者追善・祖先崇拝的色彩が濃厚な信仰であった。したがって、わが初期仏教が、朝鮮を経由した、かかる北魏的大陸仏教の影響下に成立したとするならば、その最初に伝来した観音信仰が、追善的性格を基調とする法華経的観音信仰であったことは、ほぼ疑いないところといえよう。

と述べるとともに、

北魏の観音信仰が、はなはだ非個性的な追善信仰の一種であったことはすでに述べたが、かかる大陸の観音信仰の性格が、わが国初期の観音信仰を強く支配していたのは、当然であった。しかも、かような追善的性格は、観音信仰に限らず、当時の諸信仰の一般的傾向であった。

と論じ、そして奈良朝の観音信仰の基本的性格が護国的性格を示したと指摘している。(1)

しかし、このような信仰は天皇を中心とした支配者層側の信仰であるが、日本人の現世利

十一面観音
神奈川県横浜市金沢文庫庭園の小山

益信仰指向からすれば、庶民は、追善的信仰とともに、観音を現世利益を授けてくれる神として祀り、信仰していたものと思われる。たとえば、『日本霊異記』の上巻第六の「観音菩薩にすがって祈ったことにより、この世で果報を得た話[2]」は、推古天皇の時代の話であり、行善という留学生が高麗《こま》の国に学んだとき、橋がこわれ、舟もない川の向う岸に渡ることができず、観音に祈ったところ、観音の助けにより向う岸まで無事に渡ることができたという。第八の「耳の聞えなくなった人が方広経典に帰依し敬って、報いを得、両方の耳とも聞えるようになった話[2]」も、推古天皇の時代の話である。これらの話が本当の話か否かはともかく、これらの話からすでに推古天皇の時代に現世利益信仰があったこと、観音が現世利益を授けてくれるものであったことが認められる。

もともと、信仰は現世利益信仰からはじまったものと思われる。人は、縄文時代のむかしから、海山の幸を願い、田畑の収穫が多いこと、怪我や病気をせず、してもすぐに直ることなど、現世の衣食住などにかかわること、つまり現世利益を願って、いわゆる〝神〟に、そして仏教が伝播した以降は〝仏〟ないし〝観音〟にも祈ったことであろう。

第二節　女性原理と観音

世界の多くの国において、信仰は母神信仰からはじまったといわれる。この点について内藤榮氏は、

キリスト教やイスラム教、仏教などの世界的な大宗教は男神（父神）を頂点にした体系的な教義が確立されているが、このような大宗教が生まれる遙か前に、女神（母神）に対する素朴な信仰が世界各地で芽生えていたことが近年の考古学の成果によって確認されている。たとえば、オーリャック文化と呼ばれる紀元前八万年から三万年ころの中部ヨーロッパの後期旧石器時代では世界最古の女神の小像が大量に作られ、また新石器時代のオリエントでも土製や石製の女神像があり、さらに日本の土偶など東アジア、東南アジア一帯の新石器時代でも女神像は作られている。人間が狩猟や採集生活を始めた

ころ、獲物や果実を産み出してくれる自然を母なる神―地母神―と認識するようになったのであろう。だからこそ、人は常に豊饒をもたらしてくれるように女神に祈りを捧げることを自ずと身につけるようになったと考えることができるのである。言ってみれば、女神信仰は人間の持つ最も根源的な信仰の姿であった。

と指摘しており[3]、このように、人々にとって女神（母神）に対する信仰こそが、根源的な信仰として認められるものである。

そして、喜多路氏も『母神信仰』のなかで、

……人々が、狩猟であれ採集であれ、食糧を得るためには手段を選ばなかったごく原始的な段階において、すでに母神信仰はめばえていた。狩りたてて捕らえる獣、時がくるとひとりでに芽生えたり実をつけたりする草や木、それらはすべて大地なる母が産み出すものと人々は考えたのだ。だから彼らは大地なる母神に食糧が豊かに増殖するよう祈りを捧げる術を身につけた。それが大母神信仰である。原始的知性とでもいうか、いわば本能で探り当てたような《自然観》が、母神信仰発生の原動力といえよう。

と述べる[4]。

狩猟採集時代にあっては、「天」という抽象的なものより、わたしたちが足を踏みしめて生を営なみ、衣食住を提供してくれる具体的な場としての「地」こそがまずもって確認さ

れ、生を支えるものを生みだす女性性を崇めるようになったことは当然である。天候に左右される農作物をつくるようになって「天」が強く意識されるようになるが、それは後の時代である。

喜多氏は、日本の母神信仰について、「少なくとも母神信仰が縄文中期土偶に認められる」と述べ、さらに、

山の神がまた縄文の母神として取り挙げられることが多いが、これは全く至当なことと思われる。山の神はおそらくその誕生もしくは渡来を何時《いつ》と見定められないほど古い、我国に現存する母神の中で最も典型的な大母神と言えるのではなかろうか。

と続けるとともに、

慈母観音　群馬県川場村

……史書その他の文書に残る限り、我国は系譜においても相続においても父系であり、もともと男性支配の社会であるかに思われる。しかし我国の文化の基盤をなすのが芋あるいは陸稲・稗・蕎麦などの焼畑栽培を業とする母系・母権社会のそれであったことはす

でに述べたところである。史書などの表面に現れる男性支配社会が我国にもたらされたのは、せいぜい四、五世紀頃からであり、それも大和朝廷を中心とする極く限られた一つまみの人々の間だけのことであって、大多数の一般庶民は中世までは婿入り婚・母系相続であった。家にあって娘の結婚に最も強い権力で臨んだのが母であったことは、『万葉集』の歌の幾首かにも明らかに窺われる。

と指摘する。(4)

なお、土偶について、能登健氏の論によると、

縄文時代の土偶がすべて女性像であるとの見解はほぼ一致したものだろう。土偶のすべてが妊婦であるかは厳密にはわからないが、下腹部が膨らみ、身ごもった大きな腹部を表現しているものは多い。

初期の土偶には、逆三角形の粘土板に乳房二つと大きな腹部の三つの粘土粒がついたものがある。そして、時代の変遷とともにだんだんと人形

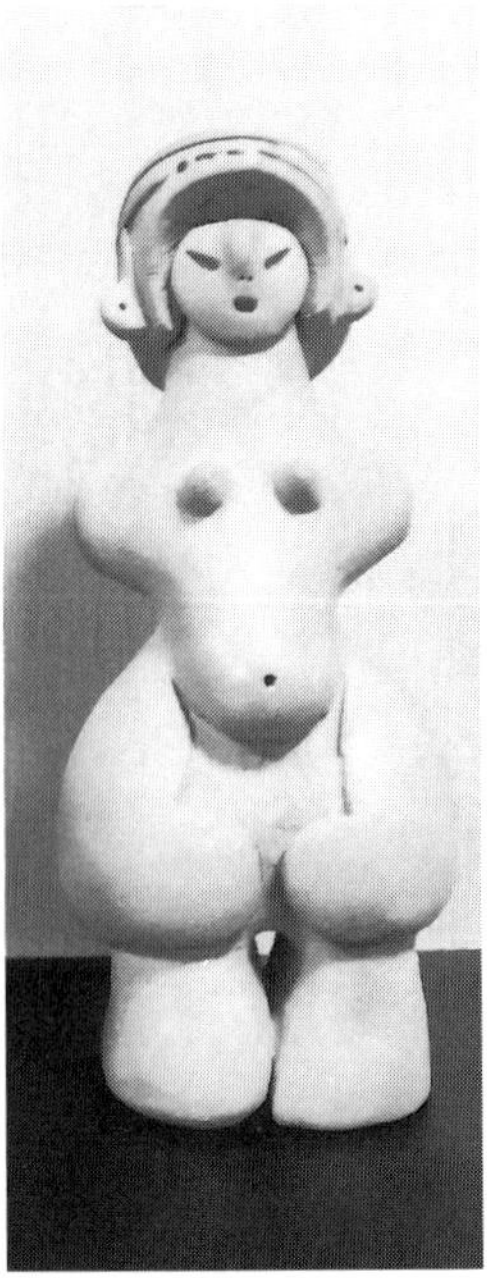

ビーナス土偶 （東京国立博物館で入手した「ビーナス土偶」のフィギュア）

の造形になっていく。縄文時代の中ごろには、子どもを抱いた母親像まで現れる。という[5]。この土偶にみられるように、縄文時代のむかしから、あるいはそれ以前の旧石器時代から母性が敬われていたことは明らかである。

このように、日本においても、その基底に母神信仰をもつが、観音はこの地母神と結びつく。西郷信綱氏は、『長谷寺の夢』のなかで、

山、水、岩などは大地にぞくするものとして、神話的にはみな母性原理をあらわすイメージに他ならない。

山の神も海の神も本来は女性であった。

山に水源をもち、そこから流れ出る川や水の神も女性で、記紀の名で呼べばそれはミツハノメ（罔象女）になる。山と川は一体なのである。

と述べ、また長谷寺に加えて、石山寺、清水寺、那智山、貴船の地主神についても、「何も存しない真空のさら地にではなく、山や水の古い神たちのすでに領する地に、今来の神として観音は示現したのである。」と指摘する。さらに、

……山、岩、洞窟、水等はみな女性原理、いっそう正しくは母性原理を象徴する映像だということ、またこの原始の母性に観音というあたらしい母性形式が重なり、後者に

よって前者はとって代られ、前者は後者の地主神として多くは埋没、または後景に退いたこと、

……だがおしなべていうと、観音信仰を支えているのは女人であり、女人信仰の影がそこにはすこぶる濃厚である。

……観音菩薩の本質的属性が女人のそれであったことはほぼ疑えないもののように思われる。

と論じ(6)、このように観音が女性性を示す地に降臨、示現すること、これによって観音の女性性を明らかにする。

また、沼義昭氏も、『観音信仰研究』において、観音が山上、山上湖水、山中の泉、水中、川、岩上、洞窟中、滝、海中に示現することを種々の例を挙げて示し、さらに、中村生雄氏が、

……新来の蕃神《あだしくにのかみ》である観音のうちに内在していたはずの岩のイメージが、古代日本の自然神崇拝の一形態としての磐座・磐境信仰に秘かに共鳴しあったところで、はじめて観音信仰が聖地崇拝という内実を獲得しえたのであろう。すなわち、時間空間の限定を越えた普遍神としての観音ではなくて、太古から続くそれぞれ固有の聖域を具象化する神性としての観音こそが、古代社会の深部に定着していったのである。

と指摘するところである。[7]

このように女性原理ないし母性原理を示す山、水、岩などに示現する観音は、女神ないし母神といい得るものであって、観音は日本の古来の女神の坐すところに降臨したものであろう。山折哲雄氏も、

……日本人の信仰において観音にはいわば神道的女神と仏教的女神とを一体化したような性格が刻印されているように、私はかねてから思ってきた。神仏習合的な女神の一典型であったといってもよい。あるいは神仏未分離の民俗的な女神であったといってもよいだろう。そしてこのような観音が、近世の隠れキリシタン時代に聖母マリア信仰と結びついてマリア観音の崇拝を生みだした。

と記すところであり、[8] 日本において、観音は女神として登場したのである。

この場合、観音は、上述したように、インドに生まれ、中国に伝わって女性化し、それが日本に伝来されてきたが、庶民信仰の場では、インド、中国の観音伝来の流れのなかから、日本の観音は日本の地であらたに産みだされ、日本の神として信仰されてきたものと思う。

宮家準氏は、

私は、このように自然宗教に淵源《えんげん》をもち創唱宗教と習合した宗教形態、さらにそれが沈潜した民間信仰が、ごく一般の日本人が諸宗教を摂取する枠組をなす日本宗教（日本

教）ともいえるものになったものを日本の民俗宗教ととらえている。民俗宗教はこうした性格のものゆえ、人びとが無意識のうちにそれにのっとって生きている見えない宗教なのである。

と述べるが、(9)庶民の観音信仰は日本における民俗宗教であり、そのなかで観音は女神として生まれ育っていったものであろう。

第三節　長谷観音

大和・初瀬の地にある長谷寺の本尊は十一面観音であるが、この観音は女神であるといわれている。

この長谷寺の脇を流れる泊瀬川の奥地は、天武天皇の娘であり、大津皇子の姉であった大《おお》来皇女《くのひめみこ》が初代斎宮として伊勢神宮に向う前に忌みこもったところとされており、『日本書紀』には、「大来皇女を天照大神宮《あまてらすおおみかみのみや》に遣侍《はべらし》めむと欲《おもほ》し、泊瀬斎宮《はつせいつきのみや》に居《はべ》らしむ。是《こ》は先《ま》

十一面観音　奈良県長谷寺境内の石仏

ず身《み》を潔《きよ》めて、稍《やうやく》に神に近《ちかづ》くなる所なり。」とある。[10] この泊瀬川の上流（長谷寺の北方）に瀧倉という地があり、ここに瀧倉神社がある。ちなみに、この瀧倉神社より奥に天神社があり、ここに大来皇女が祀られているという。瀧倉神社に祀られている神は長谷寺の地主神とされ、女神である。白洲正子氏の『十一面観音巡礼』には、修理のときに一度扉をあけただけで、千年以来誰も拝んだものはいなく、神主さんもはじめてだという瀧倉権現の神像を拝観したときの感動を次のように記す[11]。

　高い石段を登り、靴をぬいで、社殿にぬかずく。扉のきしむ音が、朝の森にこだます る。先ず中央の扉があき、つづいて白木の厨子が開かれる。中には美しい女神が端座していられた。身体がふるえたのは、あながち寒さのせいばかりではない。それは期待していたより、はるかにすぐれた、藤原時代の神像であった。朱と白緑の彩色がほのかに残り、特にお顔が美しい。いずれ名のある仏師が造ったのであろう、お顔はふつうより丁寧に彫ってあり、衣服の方は単純に仕あげてある。山奥にある神像は、見る影もなく

崩れていることが多いが、この女神は今生れたばかりのように新鮮である。

このような瀧倉をも含む長谷寺のある地は「こもりくの泊瀬」といわれており、〝こもりくの（隠りくの）〟は泊瀬にかかる枕詞であるが、西郷氏は、

「こもりくの泊瀬」のコモリクも、籠り奥まった初瀬の景観に帰するだけでは皮相で、神話的にはそれは豊饒の源たる母胎を意味したはずなのである。

そして実は、母胎に擬せられるこのようなところこそ、観音が示現するにもっともふさわしい地であったといわねばならぬ。観音もその本質において、次節に見るように母神であったからだ。

と指摘する。(12)

長谷観音が女神であることは、十三世紀初頭に成立したといわれる『長谷寺験記』にも、

其夜（天平勝宝五年十一月十九日）法皇（聖武帝）御夢ニ、観音光ヲ十方ニ放、八大龍王八大童子等ノ無量ノ眷属ヲ引卒シテ、法皇ニ告テ云ク、濁世ノタケキ衆生ヲ和ル事ハ、只女人ナリ。我此光ヲ和テ、婦女ノ身ヲ現シテ、久ク末代ニ及シテ、國家ヲ護リ、衆生ヲ利（セ）ムト思フ。顯露ニ有テハ、其身憚リ有リ、仍テ久カルベカラズ。速ニ我身ヲ覆隠スベシト云。夢サメテ則大納言真楯ニ勅テ、始テ御帳ヲカク。

と記載されていることからも明らかである。(13)ただ、長谷寺の観音は、いまは秘仏ではなく、

いつも拝することができる。なお、観音に秘仏が多いことは事実であり、西国、坂東、秩父の観音霊場を参詣しても「お前立ち」しか拝することができない場合が多い。東京・浅草寺の本尊観音は絶対秘仏であるし、奈良・東大寺二月堂の観音もそうである。

さらに、長谷観音の女性性に関して、西郷氏は、「長谷観音は天照大神と一体だと古来いわれているが、この一体説を成り立たせたのも岩で、つまり天照大神が天の岩屋戸にこもった話と観音が岩場に示現した話とがかさなったのだろうと思う。」と述べているが、[12]天照大神が女神であるから、これと一体の長谷観音も女神となろう。

これらの点からも、長谷観音ないし長谷観音に代表される観音の女神性が認められる。

【註】

1 速水侑『観音信仰』塙書房（2002年）16〜19・21・42頁
2 校注・訳者中田祝夫『新編日本古典文学全集10 日本霊異記』小学館（1995年）
3 内藤榮『女神たちの日本』展概説 サントリー美術館（平成6年）64頁
4 喜多路『母神信仰』錦正社（平成6年）17・40・37・166頁
5 能登健『列島の考古学 縄文時代』河出書房新社（2011年）71頁
6 西郷信綱『古代人の夢』平凡社（2010年）86〜88・94・102〜104頁
7 中村生雄「観音信仰と日本のカミ」（『観音信仰事典』に所収）戎光祥出版（2000年）240頁
8 山折哲雄「女神の誕生」（『日本の神2 神の変容』に所収）平凡社（1995年）232頁

9 宮家準『日本の民俗宗教』講談社（1994年）5頁
10 校注・訳者 小島憲之等『新編日本古典文学全集4 日本書紀3』小学館（2015年）351頁
11 白洲正子『十一面観音巡礼』新潮社（2002年）39〜40頁
12 西郷信綱：前掲6 92頁
13 沼義昭：前掲第一章4 66頁

第七章　諸観音の女神性

観音信仰について、佐久間留理子氏は三つの系統を指摘する[1]。

第一の系統は、大乗仏教に基づく系統で、観音経にみられるような現世利益をもたらす慈悲の具現者である観音に対する信仰形態である。

第二の系統は、密教信仰に基づくものであり、密教信仰のなかで種々の変化観音が信仰された。

第三の系統は、中国特有の信仰に由来する三十三観音信仰にみいだされたものである。

第一の観音信仰の系統については、これまで述べてきたことに譲り、ここでは第二の系統、特に六観音・七観音の女神性について検討し、また第三の三十三観音についてもその女神性を検討する。さらに、日本の観音信仰にみいだされる庶民観音信仰としての子安観音（慈母観音）、マリア観音についても考察する。

観音石仏群
東京都文京区本郷　願行寺

第一節　六観音・七観音

観音に対する信仰のなかで、六観音信仰がある。これは、六道――地獄・餓鬼・畜生・修羅・人・天――に迷う亡者を救うとする信仰で、これらの六道にそれぞれ六観音を配することにより、その観音の偉力で六道に落ちた亡者を救済するというものである。

この六観音信仰は、中国・天台宗を開いた智顗による『摩訶止観』において、地獄・餓鬼・畜生・修羅・人・天の六種の障りを破砕する観音として、大悲・大慈・師子無畏・大光普照・天人丈夫・大梵深遠の六観音を挙げたのを嚆矢とする。

しかし、これらの観音はなじみが薄く、その後、藤原道長が法成寺に六観音を祀るに際し、真言宗の小野僧正仁海が、正・千手・馬頭・十一面・准胝・如意輪を六観音と説いたのが受け入れられ、六観音といえばこれらの観音を指すことになったものである(2)。

これは真言宗における六観音であるが、天台宗では、准胝は観音ではないとして、准胝の代りに不空羂索観音を入れ換えた、正・千手・馬頭・十一面・不空羂索・如意輪を天台六観音とする。

七観音は、真言六観音の聖（正）・千手・馬頭・十一面・准胝・如意輪に不空羂索を加えたものである。
以上の六観音・七観音もまた、女身ないし女神として示現する。

第二節　聖観音の女神性

聖（正）観音は地獄に落ちた亡者を救う。

聖観音は、いろいろある観音のなかで基本ともいうべきものである。この観音は一面二臂の立像または坐像であらわされ、単に観音といえば通常は聖観音をさす。

この場合、日本における代表的な聖観音を挙げると、島根県・鰐淵寺の観音、兵庫県・鶴林寺の観音、それに法隆寺の百済観音と救世観音、夢違観音などがある。さらに、薬師寺の聖観音、大報恩寺（千本釈迦堂）の六観音のうちの聖観音、鞍馬寺の聖観音、鎌倉・東慶寺の聖観音は、女神といい得る像容を呈する。

聖観音は脇侍をはべらすことがある。愛知県岡崎市の滝山寺には、運慶作の本尊・聖観音

聖観音　東京都渋谷区広尾　東北寺

聖観音　静岡県浜松市　宝林寺

と、脇侍の梵天、帝釈天との三尊が祀られており、いずれも運慶ならではの素晴しい作である。なお、この本尊には、源頼朝の鬢と歯をおさめてあるという。運慶の彫刻といえば、運慶二十代半ば頃の最初の作といわれる奈良・円成寺の大日如来坐像の素晴しさを忘れることができない。わたしがはじめてこの大日如来を拝したのは昭和四十二年頃で、重要文化財ではあったが、まだ国宝の指定を受けてはおらず、本堂の向って左側の入口付近に祀られていたので、顔を近寄せて拝謁したことを覚えている。

観音は、勢至菩薩とともに阿弥陀如来の脇侍をつとめる場合があるが、この場合の観音は聖観音である。このような脇侍の観音としては、京都・仁和寺や三千院の観音、それに鎌倉・浄楽寺の運慶作の観音や、兵庫県・浄土寺の快慶作の観音が優美な作として挙げられる。このような聖観音は、女神として示現し得るが、聖観音の女神性については、いままで述べてきた女神観音の多くが聖観音であるので、聖観音の女神性は明らかであろう。

また、日本には、上述したようにむかしから神と仏を同一視する神仏習合思想があり、特に神は仏が化現したものであって、本地である仏・菩薩が権《かり》に垂迹したものであるとする本地垂迹説がとなえられている。したがって、日本のそれぞれの神には本地としての仏あるいは菩薩が選定されている。

たとえば、『江談抄』熊野三所本縁事では「太神宮は救世観音の御変身なりと云々」とし、天照大神の本地が観音であるとしている。[3] また、九州・福岡の筥崎宮や香椎宮には神功皇后が祀られ、住吉大社第四殿には息長帯姫命《おきながたらしひめ》（神功皇后）が祀られているが、その本地は聖観音とされ、羽黒神社には玉依姫が祀られているが、その本地も聖観音とされる。宇佐神宮第四殿に祀られている比売大神（宗像三女神）や厳島神社の神の本地も観音とされている。

さらに、『日本書紀』神功皇后の巻にあるように、兵庫県西宮の広田神社には、天照大神荒魂ないし撞賢木《つきさかき》厳之御魂《いつのみたま》天疎《あまさかる》向津媛《むかつひめ》命を祀っているが、その本地も観音であるとされている。なお、伊勢神宮内宮の荒祭宮には、この天照大神荒魂が祀られている。

したがって、聖（正）観音は、神仏習合の点からみても女神と認められる。

第三節　千手観音の女神性

千手観音は餓鬼道の亡者を救う。

千手観音（十一面千手千眼観音）は、通常、十一面観音と同様に頭上に十一の化仏をもつが、手が千本ある点が十一面観音と異なる。もっとも、日本において実際に千本の手をもつ千手観音は少なく、奈良・唐招提寺の千手観音、大阪にある葛井寺の千手観音、京都・寿宝寺の千手観音が挙げられる程度で、多くは四十二本の手をもつ四十二臂像である。また、各掌に眼をもつことから千手千眼観音といわれるが、この点について岩本裕氏は、

それでは、千手観音の本体は何であろうか。……古代インドの神話伝説を見ると、千手（サハスラ＝ブジャ）・千臂（サハスラ＝バーフ）・千眼（サハスラ＝ネートラ）という語がヒンドゥ教のヴィシュヌ神やシヴァ神やインドラ神などの呼び名として用いられている。特に、「千眼」という呼び名は、はじめインドラ神の渾名《あだな》であったが、のちにヴィシュヌ神の呼び名となった。インドラ神が「千眼」の渾名を持つに至ったについては、次のような神話がある。

武勇の神インドラが「英雄、色を好む」の喩えに洩れず、ガウタマ仙の妻アハルヤーを誘惑した。ガウタマ仙は怒ってインドラを呪詛し、インドラの身体に千個の女性の陰部の印《しるし》をつけた。インドラが前非を悔いてあやまると、千個の女性陰部の印は眼となり、インドラは「千眼を持つもの」（サハスラ＝ネートラ）と呼ばれるようになった。

という。従って、眼は女性陰部の象徴ともされる。

と説明する。(4) このことから、千手観音は女性といい得る。

千手観音の美麗な像としては、上記の葛井寺等の千手観音のほか、京都・蓮華王院（三十三間堂）の湛慶作の本尊、大報恩寺の六観音のうちの千手観音、雨宝院の千手観音、奈良・東大寺の四月堂の千手観音（現在は東大寺ミュージアムに祀られている）がある。特に、京都・花背の峯定寺《ぶじょうじ》の千手観音は、華美のなかに清冽さを秘めた女神といい得る像であり、この像は不動・毘沙門を脇侍として造立されたものという。

京都・清水寺の本堂の千手観音は、脇手の左右一手を頭上に大きくかかげて手の面を表にして組み、その上に阿弥陀の化仏をいただく像である。また、多くの日本の千手観音は十一面であるが、清水寺奥の院の千手観音は、本面およびその左右に二つの脇面（三面）と頭上に二十四面の合計二十七面をもち、三面千手（または千手千眼）観音とよばれている。

千手観音の脇侍としては、上記のように不動明王・毘沙門天があり、比叡山延暦寺には、この三尊が祀られている。また、千手観音の脇侍に二十八部衆があり、京都・三十三間堂の二十八部衆はよく知られている。絵画などでは、千手観音は功徳天（吉祥天）と婆数仙を脇侍としてもつことがある。

本地垂迹説の点からいうと、富士浅間大社の木花開耶媛命《このはなさくやびめ》の本地が千手観音である。また、熊野那智大社の祭神・夫須美大神（伊弉冉尊）の本地が千手観音とされ、同様に、福岡県にある英彦山権現（本社中岳・女体権現）の伊奘冉尊に比定される本地も千手観音である。ちなみに、沖縄・波上宮の本殿祭神は伊弉冊尊（伊弉冉尊）であるが、その本地も千手観音であろう。また、若狭にある奈良・東大寺へのお水送りで有名な神宮寺の若狭姫の本地も十一面千手観音である。

さらに、千手観音については、真言宗小野流の祖といわれる仁海が稲荷峯において一千日此法を修したことにより、一足飛びに僧正位という僧侶最高位についたといわれているが、「稲荷上の御前」に坐す女神は千手観音を本地とするものであるから、千手観音が女神である稲荷——吒枳天として示現する。(5)

このようなことから、千手観音も女神であるということができる。

千手観音　奈良県般若寺町　般若寺

千手観音　東京都文京区向丘　光源寺

千手観音　秋田県秋田市　當福寺

千手観音　三重県関町　観音山

第四節　馬頭観音の女神性

馬頭観音は畜生道の亡者を救う。

馬頭観音は、ハヤグリーヴァ（馬の頭をもつもの）といわれており、通常は頭上に馬頭をもつ一面または三面六臂もしくは八臂の忿怒像であり、女性的な像容はもっていない。

このような馬頭観音の像としては、福岡・観世音寺、福井県・中山寺、京都・浄瑠璃寺の馬頭観音が有名である。

馬頭観音　山梨県北杜市　海岸寺

江戸時代以降、馬の供養としてあるいは馬を守護する神として、山道や街道などの路上に石仏として多数の馬頭観音が造立された。石仏としては一面二臂像が多く、三面六臂像もよくみかける。千葉県では、馬に乗った馬頭観音（馬乗り馬頭観音）が多くみられる。これらの石仏馬頭観音は忿怒像ではない像容が多い。

これらの馬頭観音が女性であり得ることを示す例はほとんどなく、わずかに女性としての像容をもつ馬頭観音がごくまれに見られる程度である。

第五節　十一面観音の女神性

十一面観音　東京都中野区沼袋　実相院

十一面観音は修羅道にあるものを救う。

修羅とは、日本国語大辞典によれば、嫉妬、猜疑《さいぎ》から起こる争いで、また長い斗争、戦争、激しい怒り、情念のたとえであるとされる。このように修羅は心に平安をもたない状態であるが、十一面観音に頼り、信仰すれば、かかる心の乱れが解消されるのであろう。なお、修羅といえば阿修羅を思い浮べるが、阿修羅は帝釈天と戦う悪神である。阿修羅としては興福寺国宝館にある像が著名であるが、これは阿修羅が仏教の守護神となったときの像である。

十一面観音は、本面を数えて十一面とする場合と、本面とは別に十一面をおく場合があるが、頭上に十一の化仏がおかれ、腕は二臂の場合が多く、右手は施無畏印をむすび、左手は蓮華をさした水瓶をもつ像が多い。長谷寺式十一面観音の場合は、右手に錫状をもっている。なお、奈良・長谷寺の十一面観音は、向って左に難陀龍王、右に雨宝童子の脇侍を従える。

十一面観音像としては、長谷寺や法華寺のほか、奈良・室生寺、聖林寺の十一面観音、京都・観音寺や滋賀・渡岸寺、石道寺の十一面観音が卓越しており、また四臂の像ではあるが、京都・法金剛院、滋賀・盛安寺の十一面観音も必見に値する。法隆寺の九面観音も可憐である。

十一面観音
東京都練馬区石神井　三宝寺

この十一面観音を本地とする女神についてみると、伊勢神宮内宮に祀られている天照大神の本地は、通海の『大神宮参詣記』によると、十一面観音である（なお、天照大神の本地は、上述したように、聖観音とされることもあり、大日如来とされる場合もある）。また、厳島神社の市杵島姫命の本地は十一面観音とされ、春日大社第四殿の比売神、京都・八坂神社に祀られている櫛稲田姫命の本地も十一面観音であり、同様に大宮・氷川神社に祀られている稲田姫の本地仏も十一面観音であろう。

また、白山《はくさん》の神・白山比咩《しらやまひめ》（菊理媛《くくりひめ》）の本地が十一面観音である。白山は越前、加賀、美濃三国にまたがってそびえる霊山であるが、白山信仰はこれらの地域に広がっており、これら地域の白山信仰にかかる寺社に祀られている十一面観音はいずれも白山神をあらわすものであろう。たとえば、岐阜県・日吉神社の十一面観音坐像は、神像といってもよい像である。福井県越前の八坂神社の十一面をもつ坐像は、体は天部像（女神像）であるが、頭上の十一面で本地であることを示す。同じく越前の大谷寺《おおたんじ》の十一面観音も神像であり、いずれも純真な素晴しい像である。

江戸時代の僧・円空は、多くの白山信仰にかかる像あるいは十一面観音像を残したが、その一つとして、滋賀県・太平寺観音堂の十一面観音を挙げることができる。

さらに、岩手県の早池峰《はやちね》神社の祭神・瀬織津姫の本地も十一面観音である。瀬織津姫とはあまり聞きなれない名前であると思われるが、瀬織津姫は天智八年（六六九）に中臣金によって創作された『延喜式』に収載された「六月晦大祓（中臣祓）」において、『延喜式《えんぎしき》』に瀬織津比咩と記される。祓戸四柱《はらえどよはしら》の1神である。『延喜式』大祓詞《おおはらえのことば》に「高山短山《たかやまひきやま》の末《すえ》より、さくなだりに落ちたぎつ速川《はやかわ》の瀬に坐《ま》す瀬織津比咩といふ神、大海原《おおうなばら》に持ち出《い》でなむ」とあり、川の瀬が織りなすところに坐《いま》す川瀬の女神であることがわかる。

大祓詞の文意は、「高い山、低い山を水源として勢いよく流れ下る速川（谷川）の川瀬に坐す瀬織津比咩神の力によって、人々が犯した罪や穢《けが》れを大海原に持ち出してしまう」ということ。その後は、水戸《みと》（河口）の神である速開津比咩《はやあきつひめ》の分担となる。と記載されている女神である。(6) この場合、中世の神道典籍の一つである『中臣祓訓解』には、「瀬織津比咩神（伊奘那尊の所化の神なり。八十枉津日神《ヤソマガツヒノ》ト名づくるは是なり。天照大神ノ荒魂ヲ荒祭ノ宮ト号づく。悪事ヲ除く神なり。）」と記載されており、(7) 瀬織津姫が天照大神荒魂ということから、瀬織津姫は上述した撞賢木厳之御魂天疎向津媛命と同神ということになる。また、宗像三女神は通常市杵嶋《いちきしま》姫、田心《たごり》姫、湍津《たきつ》姫を指すが、鹿児島県出水市の厳島神社では、湍津姫の代りに瀬織津姫が祀られているという。そうすると、瀬織津姫は湍津姫と同神ともなる。なお、奈良・春日大社や京都・下鴨神社には祓戸神社として瀬織津姫が祀られている。

十一面観音
神奈川県箱根町大平台　林泉寺

以上の点から十一面観音は女神と認められるが、もともと十一面観音の女神性は、奈良・長谷寺の十一面観音についての上述した話からも明らかである。

さらに、奈良・法華寺の十一面観音も女神である。法華寺は聖武天皇の妃である光明皇后の創建にかかるといわれているが、法華寺の本尊について、

法華寺の本尊は、光明皇后をモデルにしたといわれている。北天竺健陀羅《がんだら》国の見生王が、生身の観世音を拝まんと欲し、入定すること三七日に及んだ。その満願の日に、「大日本国聖武王の正后光明女の形」を拝めというお告げを受け、問答師《もんどうし》という彫刻家を日本へ遣わして、皇后をモデルに三体の仏像を造らせた。そのうち一体を本国へ持帰り、一つは宮中に、もう一つは法華寺におさめたと伝える。

といい[8]、光明皇后が生身の観音であり、法華寺の十一面観音が光明皇后の姿を写したとされる。また、法華寺の十一面観音は、光明皇后が蓮池を逍遥するさまを模したともいわれている[9]。

十一面観音の女神性については、さらに歓喜天（聖天）についての次の逸話もしられている。歓喜天は象頭の男女神が抱き合った姿をしているが、男神はシヴァ神の息子である毘那《びな》夜迦《やか》（ガネーシャ）で、毘那夜迦が悪事をしていることから、これを憂いた十一面観音が女神の姿になって毘那夜迦のもとにいく。毘那夜迦はこの女神に対して欲心をもつが、女神は毘那夜迦が悪事をやめれば抱かれようといい、毘那夜迦はこれを承諾して女神（十一面観音）と抱き合ったのが歓喜天の姿であるという。

なお、上述したように、長谷寺の観音は十一面観音であるが、この長谷観音への信仰は、日本に限られず、外国にも及んでいるのかも知れない。『今昔物語集』巻第十六のうち第十九語は、新羅の国王の后が長谷観音の助けをこうむったとする話で、后がある男と情を通じていることを国王が知って激怒し、后の髪に縄をつけて后を吊り下げた。后は苦しく、日本の国の長谷には霊験豊かな観音さまがおられるとのこと、お助けくださいと深く念じていると、后の足もとに踏み台が現れ、この踏み台に足を置くことができたので、吊り下げられる苦しみがなくなったという、長谷観音の霊験譚である。

また、長谷寺といえば、四月下旬～五月上旬に境内に咲きほこる牡丹で有名であるが、この長谷寺の牡丹については、中国・唐の皇妃が馬頭夫人《めずぶにん》と陰口をたたかれ、面長な顔を悩んでいたが、長谷寺の十一面観音が霊験あらたかであると聞き、一心に祈ったところ、絶世の美人になり、そのお礼に牡丹の苗木を送ったことにはじまるという。
以上のように、十一面観音は女神として現成する――というよりはむしろ、女神が十一面観音になって現れるということができる。

第六節　准胝観音の女神性

准胝観音は人《にん》を救う。

准胝観音は、もともと女神ないし母神である。准胝観音については、……『仏説七倶胝佛母准提（泥）大明陀羅尼經』（金剛智訳）などに示されているように、諸仏（倶胝は億の意）の母と称されている女身の菩薩である。その起源は、インドの大女神ドゥルガー（Drugā）であるといわれるが、それが水神に淵源することは、右の経中の画像法において、「菩薩下作水池、池中安蓮花。難陀抜難陀二龍王、共扶蓮華莖。於華花上安准提菩薩」と述べられていることからも理解できることである。この画像法はよく守られており、近世末におびただしく作られた三十三観音や百観音の石仏中でも、それを現認することができる。

といわれており、[10]准胝観音を難陀龍王と抜難陀龍王とで支える像が多い。

准胝観音としては大報恩寺の像が秀逸である。この准胝観音を含む大報恩寺の六観音は肥後別当定慶作といわれているが、この准胝観音のみに銘を入れたという。

なお、准胝観音については、

准胝観音は梵名をチュンダー（Cundā）もしくはチュンディー（Cundī）といい、「准胝」はその音訳である。また准提仏母（Cundī-bhagavatī）、七倶胝仏母（Saptakoṭi-buddhamātṛ）などとも呼ばれ、「過去無量の諸仏の母」の意味をもつことから、本来は女尊であり、観音ではないとの説も有力である。事実、現図胎蔵界曼荼羅でも蓮華院（観音院）にはふくまれず、遍智院におい

准胝観音　三重県関町　観音山

て仏眼仏母と並んで配される。しかし、……真言醍醐寺系の小野流ではこれを観音と認め、六観音の一に取り入れている。とされる。(11) このような点から、天台宗の六観音においては、上述したように、准胝観音の代りに不空羂索観音を六観音の一つとしている。

第七節　不空羂索観音の女神性

不空羂索観音は、天台宗では准胝観音に代えて人道界に当てられる。

不空羂索観音としては、東大寺法華堂の像と、興福寺南円堂に祀られている運慶の父康慶作の不空羂索観音像が有名である。

不空羂索観音については、佐久間留理子氏によると、

「不空羂索《ふくうけんじゃく》」は、梵語では「アモーガ・パーシャ」(確実な投げ縄)といわれる。日本の伝統では、この投げ縄によって観音が必ず生類を救い取るという意味をもつと解釈さ

れる。一方、古代インドのヴェーダの宗教では「パーシャ」は、道徳律の守護者・司法神であるヴァルナ神の持物として知られている。この神は羂索ないし索によって悪人を縛り、悪人が罪を悔いる場合には、それを解くといわれる。このように懲罰を与える羂索は、仏教では不動明王のような忿怒尊の持物に取り入れられ、ヒンドゥー教の神々や煩悩といった悪魔を捉えて、力ずくで仏道に帰依させるための道具となり、仏の慈悲の象徴とも考えられた。

といわれているが、[12] 浅井和春氏は、不空羂索観音に関して、

……ここで持物の羂索に注目すると、それはシヴァの神妃の一人であるドゥルガーの持物としてみえ、先の梵名「アモーガ」をドゥルガーの一名とする説（大村西崖『密教発達史』）もあることから、それとの関連も無視できない。このことは後にも触れるように、観音はその源流において女神的な性格を内包しているとの指摘もあり、仏教神となるに際して男性化した結果（仏教は元来、女性的なものを極力排除する傾向にある）、対偶神のシヴァの姿を借りてそこに戦闘神ドゥルガーの性格を付与したともみなされる。

と述べている。[11]

そうすると、ドゥルガー女神との関係、および不空羂索観音が准胝観音と代替され得ると

いうことから、たとえば東大寺の不空羂索観音はいかめしい様相を有しているが、不空羂索観音も本質的には女神といい得る。

第八節　如意輪観音の女神性

如意輪観音は天道界の徒を救う。

天人の寿命は五百～四千年ともいわれており、天人もいつかは死ぬものである。天人の世界も、人間世界と同様に生死にこだわった世界であって、仏教は生死に拘泥する世界を超えた、生死にこだわることのない境地を目指すものである。

ところで、清少納言は、『枕草子』第一九七段で「仏は　如意輪、千手、すべて六観音」と記しており、如意輪観音が平安時代中期には広く信仰されていたものと認められる。

ただ、如意輪観音は、それがいつどこで成立したかが不明であるといわれている。日本においては、奈良時代に建立された岡寺の本尊が如意輪観音とされており、この本尊如意輪観音の造立は、如意輪観音信仰のあつい弓削道鏡の発願といわれている。[13]この像は丈六の二臂像であり、施無畏・与願印をむすび、右手は頰に当てる思惟印ではない。なお、現在の像は坐像であるが、当初は左足を垂下した半跏像であったという。

また、中宮寺の本尊も如意輪観音とされ、この場合右手指先は頰に当てる思惟印であるが、二臂像であり、これは広隆寺の弥勒菩薩と同じ像容である。なお、岡寺の胎内仏の観音も同様に右手指先を頰に当てたあどけない二臂思惟像である。

平安時代以降につくられた如意輪観音の多くは一面六臂の坐像であり、この場合左脚を内にまげ、そのかかとを踏んで右膝をたてた坐り方（輪王座）をしており、また右一手を頰に当て、第二手は如意宝珠、第三手は右膝より外に下げた状態で念珠をもち、左一手は地につけ、第二手は蓮華、第三手は法輪をもつ。このような坐り方と右一手を頰に当てた態様もあって、如意輪観音には女身性が色濃く感じられる。なお、如意輪観音の六臂は六観音に配されるともいわれる。

特に、大阪・観心寺の如意輪観音は非常に艶めかしい観音であるが、この観心寺像について井上一稔氏は、

それは、この像の持つ官能性や豊満さといったものは、女性性という言葉で置き換えられるものであり、本像はあきらかに女性を意識して表現されていることに求められ

る。ここで思い当たるのは、本像の発願者が橘嘉智子という女性であり、彼女は卒伝に、その容貌は人を寛和せしめ、手は長くて膝を過ぎ、髪も地に委ねるほどであるという、人間離れした姿が述べられることである。ここに、本像の女性性の裏には、橘嘉智子が存することに関わりがあるやに思えてくる。このように彼女を理想化する時代にあって、本像の造形の基本態度は、観音の特性を理想の女性像の中に表そうとするものではなかったかと考えたいのである。

本像の女性性についてもう一つ言い添えたいことは、片膝を立てるポーズが、薬師寺八幡神像の内の、仲津姫・神功皇后と共通し、このすわり方を女性特有のものとする考

如意輪観音
東京都杉並区梅里　西方寺

如意輪観音　山形県山形市山寺

えのあることで、この意味からも如意輪観音に女性をイメージしたことは自然なことだと考えられよう。

と説明する。(14)

さらに、他の優れた如意輪観音像を挙げると、京都・醍醐寺の像、随心院の像、滋賀・園城寺の像がある。

また、如意輪観音の女性性に関し、『親鸞夢記』によると、親鸞上人が百日参籠のために京都・六角堂にこもったとき、九十五日目に次のような夢告があったといわれる。(15)

親鸞夢記に云く

六角堂救世大菩薩、顔容端政の僧形を示現して、白納の御袈裟を着服せしめて、広大の白蓮に端座して、善信〔親鸞の当時の名〕に告命して言く、

行者宿報にて、設ひ女犯すとも

我玉女身と成りて犯せられむ

一生の間、能く荘厳して

臨終引導して極楽に生ぜしめん

救世大菩薩此の文を誦して言く。此の文は吾が誓願なり。一切群生に説き聞かすべしと

告命したまへり。斯の告命に因て、数千万の有情にこれを聞かせしむと覚えて、夢悟め了ぬ。

このお告げは「女犯偈」といわれるが、ここでは救世観音（聖観音）が玉女として示現する。これと類似の話が『覚禅鈔』にあり、ここでは、

本尊、王の玉女に変ずる事

又云はく。〔もし〕邪見心を発して、淫欲熾盛にして世に堕落すべきに、如意輪我れ王の玉女と成りて、其の人の親しき妻妾となりて共に愛を生じ、一期生の間、荘厳するに福富を以てす。無辺の善事を造らしめ、西方極楽浄土に仏道を成ぜしめん。疑ひを生ずることなかれ云々

とあって、(15)この場合は如意輪観音が玉女として示現する。

このように玉女は如意輪観音の化身とされるが、これに関して田中貴子氏は、

如意輪観音は主に輪王坐形式をとり、河内観心寺の有名な仏像からもわかるように、豊饒な女人の体を彷彿とさせる。従って、如意輪観音の変化身である玉女もまた、豊満な女性の姿として形象されたことは容易に想像される。女体のイメージは、そのまま玉女の持つ性の力の表象であったのである。

と述べ、(16)また玉女は如意輪観音の如意宝珠とも習合しているという。

如意輪観音は、このように女身であり、女神と認められるが、如意輪観音はさらに女神である天照大神とも習合する。すなわち、平安京内裏の一つである清涼殿には「二間」とよばれる空間があり、そこに観音が祀られ、天皇を護持するが、ここで祀られる観音について、

……この観音がどのような観音であるかについては、古来諸説があり、聖観音とも十一面とも、あるいは如意輪観音とも言われた。いずれにしても、この観音は剣と璽とともに、三種の神器の中心的存在である神鏡を象徴とする天照太神の本地であると考えられた。『渓嵐拾葉集』は、二間の観音について「其の本尊は如意輪観音也。最極秘事也。口外すべからず（云々）。又云はく。天照太神は則ち如意輪観音也。内侍所御鏡、天照太神の御形を写し給ふ也」と書いている……。また、同じ二間で毎月十八日に行なわれた観音供では、聖観音と十一面とともに如意輪観音が本尊とされた。

という。(17)

さらに、如意輪観音は稲荷神とも習合し、彌永信美氏は、

さて、十四世紀になると、如意輪観音は天照太神ばかりでなく——というより、おそらく天照太神自身（天の岩戸に籠る天照太神、すなわち宇宙的暗黒の中の天照太神）と、そして闇夜にゆらめいて輝く如意宝珠のイメージ（「摩尼の灯火」）とを介して、狐（辰狐）としての荼吉尼（〜稲荷神）とも習合するようになる。

如意輪観音　埼玉県美里町　宗清寺

といい[17]、塩入亮乗氏も、

　また、鎌倉時代には如意輪観音を玉女とする考えも表面化して、この観音の女性的なイメージが確立してくることがある。その一つの現れとして天《あま》照《らす》大神《おおみかみ》との神仏習合があり、それは伏見天皇と後醍醐天皇の即位法は「辰狐の法」に依ったといい、辰狐とは天照大神のことで、その本地仏は如意輪観音とされる点など興味深いものがある。

と述べる[18]。

　稲荷は女神であるから、如意輪観音と習合することは十分あり得ることであるが、山本ひろ子氏は、法華経提婆達多品の龍女・女人成仏を取り上げ、『真言秘奥抄』を、

　一、龍女ト弁才天ト一体ノ事。龍女ハ如意輪観音ナリ。弁天ノ本地モ又如意輪ナリ。此ノ尊ニ三身ノ習ト云フ事アリ。南方宝生尊ハ法身、如意輪観音ハ報身、龍女ハ応身ト云フナリ。此ノ三身共ニ如意宝珠ヲ以テ三摩耶形ト為ス。此ノ宝珠ハ境智冥合ノ体ナリ。

と引用して[19]、龍女と弁才天と如意輪観音との一体性を指摘する。

このように、如意輪観音は女性である天照神、辰狐（荼吉尼）、龍女、弁才天と習合するもので、このことから如意輪観音は女神であると認められ、あるいは如意輪観音がもともと女神であるから、天照大神、辰狐（荼吉尼）、龍女、弁才天と結びついたということもできる。

――如意輪観音の女神性と民間信仰――

如意輪観音の女神性は、血盆経や十九夜塔などの本尊が如意輪観音であることからも知られることである。井上一稔氏はこの点について、

如意輪観音　京都市左京区　修学院開根坊町　赤山禅院

中世以降の如意輪観音信仰の展開でもう一つ注目したいのは、女人が墜ちるという血の池地獄の救済者として如意輪観音が迎えられているという指摘のあることである。京都・六道珍皇寺の熊野観心十界図には、血の池地獄の上方に如意輪観音が飛来し、また、岡山・武久家本などで

は、岩座に如意輪観音が坐し、この地獄の救済を説く「血盆経」を手渡すように描かれる。さらに、同じような例は、例えば富山・来迎寺の立山曼荼羅などにもみられるわけであり、ここでは二臂像となっている。……

さらに近世には、このような女性の苦しみを救済する信仰に基づき、十九夜講（月待講の一つ）を記念した石造物や、女人の墓碑にも如意輪観音が刻まれるようになる。

という。[20]

さらに、加藤美恵子氏は、

……中世末、熊野比丘尼が説教のため持ち歩いた「熊野観心十界図」には血の池地獄に堕ちた女性たちを救う観音が描かれているが、この観音が如意輪観音であることは高達奈緒美氏により明らかにされたところである。現在の高尾の十九夜念仏講で掛けられる軸に描かれた仏像を当地の人々は如意輪観音だと言い、また唱えられている念仏の内容は、血の池地獄から「女人ノカンゼオン《（観世音）》」に救われたいとの願いをこめた、まさに血盆経そのものになっている。

と述べる。[21] したがって、これらのことからも如意輪観音が女神として女人を救済するものであることが認められる。

月待講については、特に江戸時代以降に庶民の間でおこなわれるようになったものであり、この講は特定の月齢の夜に集まり、団欒しながら月を拝し、特定の本尊を祀り拝む講である。たとえば、十九夜待、二十二夜待はそれぞれ旧暦の十九日、二十二日の夜にその地域の女性が集まる女人講である。

月待塔は、月待の行事をおこなった講中で供養のしるしに造立した塔であり、十三夜から二十九夜までの各夜の月待塔があるという。代表的なものを挙げると、十九夜塔、二十一夜塔、二十二夜塔、二十三夜塔などがある。

この場合、十九夜講については、

十九夜講は、大字か小字あるいは組単位でつくられているが、ほとんど女人講である。十九夜の月待講といわれるが婦人たちの念仏講でもある。十九日の夜当番の家あるいは寺院や堂に集まって、多くは如意輪観音の軸を掛け、その前で勤行が行なわれる。勤行には般若心経、ご詠歌、和讃、真言などがあげられる。ロウソクをともし、花や水や線香をあげて一節終るごとに水をかえたり線香をあげたりする。和讃には十九夜念仏和讃をあげる所もあるが、如意輪観音の徳をたたえ、安産を祈り、中には女人が死後血の池地獄の苦を逃れる祈願のもられたものもある。勤行が終ると共同飲食や雑談になる。勤行の合間に飲食雑談する所もある。女人講なので安産や育児の祈願が多く、また婦人の病の祈願も行なわれる。家に妊婦のある時にはロウソクのもえさしをもらって帰り、お産の時陣痛がはじまるとロウソクをともす。するとその火が消えるまでに無事出産できるといわれる。妊婦のいる家では講の時に包銭をして祈願をお願いする。ものである。[22] 二十一夜待や二十二夜待についてもほとんどが女性の講で、如意輪観音を拝するものである。二十三夜の月待の本尊は勢至菩薩であることが多いが、この場合も女性のみの講が多いという。

さらに、十七日から二十三日の間、供養をおこなう「七夜待」もあり、この場合の本尊は次のとおりであるという。[23]

十七日　聖観音（または千手観音）
十八日　千手観音（または聖観音）
十九日　馬頭観音
二十日　十一面観音
二十一日　准胝観音
二十二日　如意輪観音
二十三日　勢至菩薩

また、江戸時代になると、庶民の間でも墓をたてるようになる。この場合、庶民の間で造立される墓標仏としては、女性の墓石に聖観音を刻んだものも多くなるが、特に女人墓標仏としては如意輪観音がほとんどである。

なお、月待塔や墓標仏として造像される如意輪観音の石仏は、右膝を立てた状態で坐る二臂像である場合が多いが、この坐り方は、お産が楽にできる姿勢といわれている。

以上述べたことから、如意輪観音の女神性は明らかであろう。

第九節　三十三観音の女神性

三十三観音は、三十三種の観音の総称であり、中国および日本の俗間に流布した観音三十三種にあてたもので、以下の観音である。(24)

一　楊柳《ようりゅう》観音　右手に柳の枝をもつ
二　竜頭《りゅうず》観音　竜の上にのる
三　持経《じきょう》観音　右手に経巻をもつ

四　円光《えんこう》観音　頭頂や背後から光明を放つ
五　遊戯《ゆげ》観音　左膝を立てて雲の上に座る
六　白衣《びゃくえ》観音　頭から白衣をまとって坐す
七　蓮臥《れんが》観音　横むきで水上の蓮華に座る
八　滝見《たきみ》観音　岩上に坐して滝をみる
九　施薬《せやく》観音　右手を頬にあて、岩上に座って水面の蓮華をみる
十　魚籃《ぎょらん》観音　手に魚籠《びく》をもつ、または大きな鯉にのる
十一　徳王《とくおう》観音　右手に楊柳をもち、岩上に坐す
十二　水月《すいげつ》観音　水上の一枚の蓮の花びらに立ち、合掌して月をみる
十三　一葉《いちよう》観音　一枚の蓮の花びらの上に左膝を立てて座る
十四　青頸《しょうきょう》観音　岩上に坐し、右手は右膝におき、左手を岩におく
十五　威徳《いとく》観音　左手に蓮華をもち、左膝を立てて岩上に坐し、右手は地につける
十六　延命《えんめい》観音　右手を頬にあて、左足をのばして岩上に座る
十七　衆宝《しゅうほう》観音　右足をのばし、左膝を立て右手を地につけて座る
十八　岩戸《いわど》観音　岩屋内に座る
十九　能静《のうじょう》観音　水辺の岩上に座り、両手を岩におく

二十　阿耨《あのく》観音　岩上に左膝を立てて座り、斜め左の滝をみる
二十一　阿麼提《あまだい》観音　岩上に左膝を立てて座り、斜め右をみる
二十二　葉衣《ようえ》観音　両手をあわせて岩上に座る
二十三　瑠璃《るり》観音　水面の蓮弁に瑠璃壺をもって立つ
二十四　多羅《たら》観音　雲の上に立つ
二十五　蛤蜊《こうり》観音　蛤蜊（はまぐり）に坐す
二十六　六時《ろくじ》観音　右手に経典をもって立つ
二十七　普悲《ふひ》観音　両手を衣に隠し山上に立つ
二十八　馬郎婦《めろうふ》観音　冠をつけ両手を前に組んで立つ婦女身である
二十九　合掌《がっしょう》観音　手をあわせて蓮華の上に立つ
三十　一如《いちにょ》観音　雲の上に座り空中を飛ぶ
三十一　不二《ふに》観音　水上の蓮華の上に立つ
三十二　持蓮《じれん》観音　両手で開敷蓮華をもち蓮の上に立つ
三十三　灑水《しやすい》観音　左手に灑水器、右手に散杖をもち、地に立つ

この場合、これらの三十三観音を画いた土佐・紀秀信画（模写・末松佐和）によれば(25)、い

円光観音　福島県川俣町中央公園

楊柳観音　福島県川俣町中央公園

遊戯観音　福島県川俣町中央公園

持経観音　東京都文京区本駒込　養昌寺

ずれの三十三観音も女身的な像容を呈しているものであるが、いくつかの観音についてその女身性（女神性）をみると、以下のとおりである。

蛤蜊観音　福島県川俣町中央公園

白衣観音については、

この尊のサンスクリット名（パーンダラヴァーシニー）は「白き処に住するもの」とも「白き衣を着たもの」とも解することができる（どちらにしろ女性である）。それゆえ、白処尊菩薩とも白衣観音とも称される。

といわれ[25]、そして、

密教でのはやい例としては、平安前期の胎蔵界曼荼羅に白衣観音が描かれている。その蓮華部院での姿は、通常の菩薩形である。そして、観音母、蓮華部母、部母白衣観などとよばれ、諸観音を生み出す母としての地位が与えられている。……変化し増加してゆく観音を統一するために、インド教の女性神のような性格が取り入れられていたのである。

といわれる。[26] この白衣観音を画いた絵画としては、京都・大徳寺の「観音猿鶴図」が素晴しい。

白衣観音　神奈川県鎌倉市大船　大船観音

魚籃観音　神奈川県小田原市早川　東善院

魚籃観音が女神であることはすでに述べたとおりであるが、**魚籃観音**についてはさらに次のようにも語られる。[25]

像容を見ても、魚籃観音はやさしい美女の姿に描かれ、また刻まれている。やさしくあたたかい慈母そのものの姿に変化した観音である。

東京三田の魚籃寺の魚籃観音は江戸時代から伝えられ、特に有名である。その尊像は、若い乙女のお姿で、左手で裳裾《もすそ》を少し持ち上げ、右手には魚を入れた籃をさげている。金の瓔珞《ようらく》をあしらって、蓮華台上に立っておられる。
魚籃観音の霊験は、その尊容から海上安全や大漁祈願に大きな効験があり、特に女性の観音であるから安産祈願をはじめとして女性のもろもろの悩みをすみやかにとり除き、世の多くの女性から尊崇を受けてきたのである。何よりも女性の美しさ、やさしさを一身に集めて、いつくしみとあわれみの心をあらわしてきたのである。

水月観音は、一枚の蓮の花びらの上に立って合掌し、水中の月をみる姿をしているが、水も月も女性性をあらわすものである。なお、鎌倉・東慶寺の水月観音は、これとは相違し、岩座の上に臂をついて蓮華をとり、片足を伸ばして水面の月をみる、[27]非常に清楚な姿をしているものである。

青頸観音は、梵名をニーラカンタといい、

……ニーラーはドゥルガーやウマーやガウリーなどと同一の女神で、ドゥルガーはもとは植物の女神であったが後世に戦争女神に変化したといわれている。インドの地母神の一つにシーター（土地）がある。シーター女神は吉祥《シュリー》と地《プーミー》と青《ニーラ》の三つの側面をもっている。叙事詩『ラーマーヤナ』の主人公ラーマは鋤く、掘る、つまり性交の意味があり、女主人公は土を意味するシーターである。

『シーターウパニシャッド』では、シーターは一切の個人我の生と住と滅を起こすも

のであるという。つまり母なる大地の女神は、一切の生命であると考えられている。この地母神の考え方、民間信仰がヒンドゥー教や仏教に取り入れられて、一方ではインドの伝承医学の知識であるニーラーの効用と混ぜ合わされて、仏教で大慈大悲の青頸（ニーラカンタ）観音の観念が形成されることとなったと考えられないであろうか。

したがってここから、その特徴を体現する青頸《しょうきょう》観音は、慈母のように、植物を育てる大地のように、一切衆生の災難を除去し、繁栄や財宝を願いに応じて施与する理念をもつ観音の一つとして、インドで形成されていったものと考えられる。

とされるものである[25]。

阿麼提観音は、岩本裕氏によると、この観音の名が「無垢な女よ」という意であり、この意味からみて、イランの水の女神アナーヒターの名が「無垢な女」の意であることからすると、この観音はアナーヒターの化身であろうか、と述べる[28]。

葉衣観音については、その形態が『葉衣観自在菩薩経』によると天女の姿をして化仏の宝冠を載き、四臂の腕輪や首飾りで身を飾り蓮華上に坐すとされ[29]、女神として現れる。

多羅観音は、ターラー女神に由来するものであるが、廣澤隆之氏は多羅観音について、

尊名の多羅は梵語名のターラーの音写である。この尊はかなり古くから、インドの土着民の地母神として尊崇されていた。その起源は、エリアーデの研究書『ヨーガ』によ

れば、エーゲ海からアフリカ―アジアにまたがる「母なる宗教」の系譜に連なるとされる。インド教の中では種々の神格と結びつけられ、さまざまな役割を担う女神として登場する。そしてついには、すべてのインド教の女神の共通の形容辞ともなる。

観自在菩薩（観音）が三昧の力によって右の瞳から大光明を放つと、その輝きがきわめて麗しく、この上なく美しい宝石に身を飾った女性の姿を現わした。この宝石は世間の人々の願望を満たすことと、出世間の修行者の無上の価値（悟りの境地）をたとえたものである。この麗しい女性は生死の苦海に溺れる衆生を救うことを誓う。そして観自在菩薩のもとで教えを受け、いつも満月のようにすがすがしい光を放って、慈母の如く衆生を照らす。

と説明する。[29]

蛤蜊観音は、〝はまぐり〟の上に観音が座っている姿であらわされるが、これについて大森忠行氏は、

昔、独身で貧乏な漁夫が海辺で美しいはまぐりを拾ってきて、水がめに入れて養っていた。その後、浜から帰ってくると、いつも食事の支度が整っている。のぞき見をすると、はまぐりが殻を脱いで十七、八歳の美しい娘となって現われる。つぎの日突然彼女を抱きしめて、殻を隠してしまう。女は美人の姿でとどまり、夫婦になって子どもも生

まれる。

数年後に女房は、自分は海竜王の娘であるが、前世の縁によってあなたと結婚した。しかしわれわれの因縁もすでに尽き、父が自分を呼んでいるから帰らなければなりません。自分の生んだ子どもは、必ずあなたをお助けしますから大切に育ててください、と言って殼を要求する。殼を返すと、女はそれを持って水がめの中に入り、殼を閉じる。

そして、はまぐりの姿も見えなくなった。

という話を挙げており、(30)したがって蛤蜊観音も女神として現れる。

さらに、**馬郎婦観音**が女神として現れることは、上述したとおりである。

このように、三十三観音は女性神として信仰されている。

第十節　子安観音・マリア観音

子安観音は、子育観音とも慈母観音ともいい、安産や育児を祈願する民間の子安信仰から生まれたといわれ、幼児を抱く像が多く、また幼児が観音を見上げる姿のものなどもある。

『日本石仏図典』によれば、

……近世中期頃から主として十九夜塔の主尊であった如意輪観音に替わって漸次その姿を見せはじめ、現代におよんでいる。

像容は、ほとんど幼児を抱く二臂像である。乳房を露出して両手で幼児を抱くもの、左手で蓮華を持ち右手で幼児を抱くもの、幼児を膝に乗せているものなど、いろいろな姿態が見られ、丸彫りと浮彫りがある。

とされる。(31) この観音としては、秩父三十四所観音霊場の第四番札所・金昌寺の慈母観音が有名であり、また、東京・杉並区の西方寺にある子育観音や、群馬県川場の慈母観音も素晴しい像である。

絵画では、狩野芳崖の悲母観音像が著名である。これに関して川村湊氏は、

……狩野芳崖の『悲母観音像』の原型となったのは、中国近世で多く絵画、彫刻として表現された、いわゆる白衣観音であり、送子観音として中国で作られた白磁製や木製や玉製や象牙製など、さまざまな素材で作られた観音像であるのは、間違いのないことだろう。両腕に幼な児を抱き、胸には十字架の一種でもある卍《まんじ》が彫られており、聖母マリアの純潔や光栄、幸福を象徴する白衣をまとっていることから、日本のキリシタン

教徒が、マリア観音として崇めたことで知られている。

と説明する。(32)

また、**マリア観音**については、キリスト教が戦国時代にフランシスコ・ザビエルらによって日本に伝来されたが、『観音信仰事典』の編集部は、マリア観音に関して、

慈母観音　埼玉県秩父市　金昌寺

子育観音　東京都杉並区梅里　西方寺

……キリスト教という宗教は「天の父なる神」という言葉に象徴されるように、本来、厳格な罪と罰を説く典型的な父性的宗教でした。一方、それまでの日本人がなじんでいたのは、日本化された仏教によって醸《かも》し出される、母性的で包容的な宗教的情緒の世界でした。こうした母性的、包容的な宗教を最もよく象徴するものが、ほかならぬ阿弥陀如来や観音菩薩だったと言えます。無限に衆生の罪を赦す仏である阿弥陀如来。無条件で衆生に利益を施す菩薩である観音。それらは母親のような愛情で衆生を包み込み、優しくいたわる存在にほかなりませんでした。日本人ははっきりと意識するにせよしないにせよ、こうした母性的で包容的な宗教世界の中に長い間生きていたのです。それゆえ、潜伏したキリシタンたちがやがて本来の厳しいキリスト教から遊離して、伝統的な母性的宗教の世界へと回帰していく道を辿ることになったのも、無理からぬことであったといえるでしょう。〈潜伏キリシタン〉にとってはイエスやデウス（神）よりもしだいにマリアのほうが重要な心の支えと

マリア像　長崎県長崎市　大浦天主堂

なっていきます。彼らはマリアの中に阿弥陀仏や観音菩薩に通ずる母性の慈悲を見ていたのです。

こうして〈潜伏キリシタン〉の信仰において特に重要な崇拝対象とされたのが、「マリア観音」と称される仏像でした。マリア観音は、幼児を抱く慈母観音・子安観音などの観音像を、〈潜伏キリシタン〉が幼いイエスを抱くマリア像に見立てたもので、それ自体は仏像以外の何ものでもありませんでした。その多くは中国製の白磁・青磁の観音像であって、これに小さな十字架の印を付けるなどして〈聖母マリア〉として礼拝したのです。

と解説する。[33]

このように日本に伝来されたキリスト教は、それを信仰するひとびと、とりわけ女性信者において、わが児・キリストを抱くマリア像に親しみを感じたであろうし、これによりマリア信仰を育てる一方、女性ないし女神として示現する慈愛に満ちた観音をマリアと同視し、子を抱く観音を信仰したものと考えられる。

この場合、川村湊氏は、

隠れキリシタンの人々が、「マリア観音」とした、中国伝来の送子観音自体が、聖母マリアの中国的表現だったとすれば、それをマリア像として拝んだ隠れキリシタンの人々は、観音の蔭にマリアを見ていたのではなく、まさに観音を垂迹《すいじやく》した権現神として、本地の「マリア」そのものを拝んでいたということになる。そしてそれは、マリア信仰と観音信仰とが、中国あるいは日本の近世において接触し、習合し、融合していたことをあらわしていた。「マリア観音」とは、ただ仮りの信仰対象ではなくて、それ自体が一つの、仏教とも、キリスト教とも異なった（また、そのどちらでもある）信仰の形を伝える表象物だったといえる。

と指摘する。(32)

このような点から、マリア観音信仰は、女神観音信仰の一態様であると認められる。

またもちろん、このようなキリスト教信仰とは関係なく、子供を抱く慈母観音、子育観音は、母性愛の発露の一形態として、日本において当然に広く信仰されるに至ったものであろう。

【註】

1　佐久間留理子：前掲第三章1　i～ii頁

2　速水侑『菩薩　仏教学入門』東京美術（平成7年）73～74頁

3　門屋温：前掲第五章9　283・286～287頁

4　岩本裕：前掲第一章9　118頁

5 彌永信美：前掲第一章7　101～102頁
6 菊池展明『エミシの国の女神』風琳堂（2000年）17頁
7 校注者大隅和雄『日本思想大系19　中世神道論』岩波書店（1977年）50頁
8 白洲正子：前掲第六章11　46頁
9 浅野祥子「日本文学と観音信仰」〔前掲第一章1に所収〕362頁
10 沼義昭：前掲第一章4　164頁
11 浅井和春『日本美術第382号　不空羂索・准胝観音像』至文堂（1998年）68・18頁
12 佐久間留理子：前掲第三章1　108頁
13 猪川和子編『日本の美術3　No.166　観音像』至文堂（昭和55年）
14 井上一稔『日本の美術第312号　如意輪観音像・馬頭観音像』至文堂（1992年）29～30頁
15 彌永信美：前掲第一章7　578～579頁
16 田中貴子『外法と愛法の中世』平凡社（2006年）89～90頁
17 彌永信美：前掲第一章7　575～576・589頁
18 塩入亮乗「日本の観音信仰」：前掲第一章1　347～348頁
19 山本ひろ子『変成譜』春秋社（1993年）280頁
20 井上一稔：前掲14　53頁
21 加藤美恵子『日本中世の母性と穢れ観』塙書房（2012年）99頁
22 庚申懇話会編『日本石仏事典第二版』雄山閣（昭和55年）171頁
23 日本石仏協会編『日本石仏図典』国書刊行会（平成5年）256頁
24 大法輪閣編集部編『図説・三十三観音菩薩』（平成11年）および速水侑『菩薩　仏教学入門』を参照
25 前掲24の『図説・三十三観音菩薩』32・44・49頁

26　大法輪閣編集部編『観音像の形と物語』大法輪閣（平成4年）68・82〜83頁
27　清水眞澄『鎌倉の仏像文化』岩波書店（1985年）18頁
28　岩本裕：前掲第一章9　143頁
29　『図説・三十三観音菩薩』：前掲25　78〜80・85〜86頁
30　『観音像の形と物語』：前掲26　90頁
31　『日本石仏図典』：前掲23　119頁
32　川村湊：前掲第四章11　161〜162・171頁
33　『観音信仰事典』：前掲第六章7　41〜42頁

【参考文献】

『神仏習合の本』学習研究社（2008年）
副島弘道『日本美術第311号　十一面観音像・千手観音像』至文堂（1992年）
伊東史郎『院政期の仏像―定朝から運慶へ―』編集発行・京都国立博物館（平成3年）
大護八郎『石神信仰』木耳社（昭和52年）

第八章　三十三所観音霊場における女神観音

第一節　三十三所観音霊場

三十三所観音霊場は、ある一定地域の観音を祀る三十三の地（寺院）を第一番から第三十三番までの札所としたもので、巡礼はこれら札所を巡拝するひとを指す。

三十三所観音霊場としては、西国三十三所霊場がまず第一に挙げられ、さらにこれに坂東三十三所霊場、秩父三十四所霊場を合わせて、百観音霊場という。

西国三十三所観音霊場の由来については、聖武天皇の神亀の時代（七二四年頃）、大和国長谷寺の徳道上人が頓死し、焔魔王のもとにつれていかれたところ、焔魔王のいうには、「いま日の本の地に於て救世観音の浄土といふ小霊地三十三所あり。ひと度この霊地をめぐるものは地獄に落つる事なし。(1)」とし、宝印を与えて上人を娑婆世界に送り返し、これにより上人は西国巡礼の先達となって三十三所を巡ったが、その後宝印を摂津の国・中山寺に納め置いた。時をへて、花山天皇は最愛の弘徽殿女御の死に接して無常を感じ、山科の元慶寺にて落飾し（九八六年）、出家後の花山法皇は姫路・書写山円教寺の性空上人と結縁し、さらに熊野那智山に参籠し、三年間一千日の修行後、河内国石川寺の仏眼上人を先達として三十三所観音霊場を再興するように熊野権現から神託をうけ、三十三個の宝印を中山寺からみつけだして観音巡礼を再興したという。[2]

以上の開創縁起はもちろん伝説である。実際の西国三十三所霊場の巡礼は、園城寺の行尊の巡礼（一〇九〇年）あるいは覚忠の巡礼（一一六一年）とされている。[2] この場合、速水侑氏は、諸資料の検討から覚忠による三十三所霊場の巡礼が疑いない事実とする[3]一方、行尊の巡礼もあり得たとしている。

このように、西国三十三所霊場は平安時代末期に成立し、その後これに触発されるように鎌倉時代初期に坂東三十三所観音霊場が成立した。ただ、その当時は修験の山伏を主とした巡礼である。十五世紀後半に秩父三十三所霊場が成立し（その後西国・坂東・秩父を合せて百観音になるように、三十四所霊場となる）、それとともに巡礼の民衆化も進み、特に江戸時代以降は、伊勢参りと西国見物を兼ねて東国からの西国三十三所観音巡礼が多くなった。このような三十三所観音巡礼は現在も続いており、特に最近はブームといえるほどの人気を集めている。

ところで、西国・坂東の『観音霊場記』などで、これら礼所の観音本尊が女性ないし女神である旨の記載はない。しかし、上述したように、川、滝、湖沼、海や、岩、山、洞窟、大地などは女神が示現するところであり、同時に観音が示現するところである。したがって、

西国三十三観音霊場

1	青岸渡寺	如意輪	和歌山県東牟婁郡
2	紀三井寺(金剛宝寺)	十一面	〃　和歌山市
3	粉河寺	千手	〃　紀の川市
4	槙尾寺(施福寺)	千手	大阪府和泉市
5	葛井寺	十一面千手	〃　藤井寺市
6	壺阪寺(南法華寺)	千手	奈良県高市郡
7	岡寺(龍蓋寺)	如意輪	〃　〃
8	長谷寺	十一面	〃　桜井市
外	法起院	徳道上人	〃　〃
9	南円堂	不空羂索	奈良県奈良市
10	三室戸寺	千手	京都府宇治市
11	上醍醐寺(上醍醐)	准胝	京都市伏見区
12	岩間寺(正法寺)	千手	滋賀県大津市
13	石山寺	如意輪	〃　〃
14	三井寺(園城寺)	如意輪	〃　〃
外	元慶寺	薬師如来	京都市山科区
15	観音寺(今熊野)	十一面	〃　東山区
16	清水寺	十一面千手	〃　東山区
17	六波羅蜜寺	十一面	〃　東山区
18	頂法寺(六角堂)	如意輪	〃　中京区
19	行願寺(革堂)	千手	〃　中京区
20	善峰寺	千手	〃　西京区
21	穴太寺	聖観音	京都府亀岡市
22	総持寺	千手	大阪府茨木市
23	勝尾寺	十一面千手	〃　箕面市
24	中山寺	十一面	兵庫県宝塚市
外	花山院(菩提寺)	薬師如来	〃　三田市
25	清水寺	十一面千手	〃　加東市
26	一乗寺	聖観音	〃　加西市
27	円教寺(書写山)	如意輪	〃　姫路市
28	成相寺	聖観音	京都府宮津市
29	松尾寺	馬頭	〃　舞鶴市
30	宝厳寺	千手	滋賀県長浜市
31	長命寺	千手十一面	〃　近江八幡市
32	観音正寺	千手	〃　〃
33	華厳寺	十一面	岐阜県揖斐郡

(「外」とは番外札所である)

坂東三十三観音霊場

1	杉本寺(杉本観音)	十一面	神奈川県鎌倉市
2	岩殿寺	十一面	〃　逗子市
3	安養院(田代観音)	千手	〃　鎌倉市
4	長谷寺(長谷観音)	十一面	〃　鎌倉市
5	勝福寺(飯泉観音)	十一面	〃　小田原市
6	長谷寺(飯山観音)	十一面	〃　厚木市
7	光明寺(金目観音)	聖観音	〃　平塚市
8	星谷寺(星の谷観音)	聖観音	〃　座間市
9	慈光寺	十一面千手	埼玉県比企郡
10	正法寺(岩殿観音)	千手	〃　東松山市
11	安楽寺(吉見観音)	聖観音	〃　比企郡
12	慈恩寺	千手	〃　岩槻市
13	浅草寺(浅草観音)	聖観音	東京都台東区
14	弘明寺	十一面	神奈川県横浜市南区
15	長谷寺(白岩観音)	十一面	群馬県高崎市
16	水沢寺(水沢観音)	千手	〃　渋川市
17	満願寺(出流観音)	千手	栃木県栃木市
18	中禅寺(立木観音)	千手	〃　日光市
19	大谷寺(大谷観音)	千手	〃　宇都宮市
20	西明寺	十一面	〃　芳賀郡
21	日輪寺(八溝山)	十一面	茨城県久慈郡
22	佐竹寺	十一面	〃　常陸太田市
23	観世音寺(佐白観音)	千手	〃　笠間市
24	楽法寺(雨引観音)	延命観音	〃　桜川市
25	大御堂	千手	〃　つくば市
26	清滝寺	聖観音	〃　土浦市
27	円福寺(飯沼観音)	十一面	千葉県銚子市
28	龍正院(滑河観音)	十一面	〃　成田市
29	千葉寺	十一面	〃　千葉市中央区
30	高蔵寺(高倉観音)	聖観音	〃　木更津市
31	笠森寺(笠森観音)	十一面	〃　長生郡
32	清水寺(清水観音)	千手	〃　いすみ市
33	那古寺(那古観音)	千手	〃　館山市

このようなところに示現した観音は女神であるといい得るものであるが、西国・坂東観音霊場において、多くの観音はこれら川、滝、湖沼、海、山、洞窟、大地に示現する。

なお、西国三十三所観音霊場および坂東三十三所観音霊場の寺院名と場所、本尊の種類を挙げると前頁の通りである。出典は『全国霊場巡拝事典』（大法輪閣　平成9年）である。

第二節　西国三十三所観音霊場における女神観音の示現

第一番札所　青岸渡寺

西国三十三所霊場における第一番札所は、和歌山県那智勝浦にある青岸渡寺である。この青岸渡寺に隣接して熊野那智大社があり、その近くに落差一三三mの那智滝があり、この滝は飛瀧《ひろう》神社として祀られている。

青岸渡寺については、仁徳天皇の時代にインドからきた裸形上人が那智滝に向って千日の行を勤めたとき、滝つぼより光明かがやき水二つに分れて一寸八分（約五・四cm）の閻浮檀《えんぶだ》金《ごん》の観音が現れ、裸形上人が衣の袖をひろげると観音が飛びうつり、この観音を祀ったといわれる。このことからすると、青岸渡寺の観音は滝から示現したものである。

しかし、裸形上人が往生したのちは、観音も庵もあとかたもなく埋もれてすぎたが、そののち五百年も過ぎたころ、生仏《しょうぶつ》上人が七日七夜岩上に祈ったところ、光明かがやき出づる処があり、そこの岩を穿ち石を掘ると一寸八分の黄金の如意輪観音が光りかがやき出現したという(4)。そうであれば、青岸渡寺の観音は岩から示現したものといえ、いずれにしても青岸渡寺の観音は女神と認められる。

第二番札所　紀三井寺

西国三十三所霊場の第二番札所は、和歌山県の紀三井寺で、宝亀元年(七七〇)に唐の僧・為光《いこう》上人によって開基されたという。上人は布教の地を求めて各地をめぐっていたとき、夜半に名草山の山頂あたりに霊光が射しているのが見え、翌朝山に登ってみると、千手観音の輝く姿を感得したという(5)。したがって、この観音は山の頂きに示現したものであるから女神であろう。

さらに、為光上人は堂宇を建てた後、『大般若経』六百巻を書写し山内に納めたとき、海から美しい童女が現れて龍女と名のり、『大般若経』の功徳を喜び、その報恩のためにさまざまなものを喜捨したというが、この童女（龍女）も観音の化身であろう。

第六番札所　壺坂寺

第六番札所の奈良県高取にある壺坂寺（南法華寺）は、沢市とその妻お里の浄瑠璃『壺坂霊験記』で有名であるが、この壺坂寺の観音は、桓武天皇の眼病を平癒させた法恩沙弥がこのつぼ坂の地で七尺ばかりの土中より瑠璃の壺を掘り出し、一寸八分の千手観音を感得し、祀ったものといわれる(4)。このように土中（大地）から現れた観音は女神であろう。

第八番札所　長谷寺

第八番札所の奈良・長谷寺の観音は、先に述べたとおり、観音みずからが〝女身〟と認めたものであるが、長谷観音についてはさらに次の逸話がある。

元正天皇のころ、近江国に大洪水があり、楠木の大木が大津の浦に流れついた。これを引き上げようとすると怪我をするので、そのままにして七十年がたった。大和の女がこの霊木のことを聞き、この霊木から両親と夫の菩提のために御仏を作りたいと思い、引上げようとするが相変らず怪我をするので数年そのままにしておいたが、女が合掌し、南無観世音菩薩と一心に念じたところ、大木は大和の八木に引くことができた。しかし、女が亡くなってしまい、そのまま捨ておいたが、三十四年後に大洪水がおこって楠木が長瀬《はせ》川に流れ込んだ。それからさらに三十九年後、徳道上人が初瀬山に引き上げ、二丈六尺（約七・八m）の観音をつくり、八尺（約二・四m）四方の岩上に鎮座したという。(4)このように岩上に示現した長谷観音はこの点からしても女神と認められるものである。

なお、第五番札所の河内国葛井寺の観音はこの長谷観音と同木同作であるといわれている。(4)そうだとすると、葛井寺の観音は千手観音であるのに対し、長谷観音は十一面観音であるが、葛井寺の観音も女身（女神）ということができる。

第九番札所　興福寺南円堂

第九番札所の奈良・興福寺南円堂は、藤原冬嗣の創建によるものであるが、冬嗣はこの地に白銀でつくった千体の観音像を埋め、その地に本堂を建てたといわれており、(4)そうすると、この札所においては観音と大地との関連が認められる。

また、この興福寺と同じ奈良の都の地にある東大寺の二月堂の観音は、海から現れたといわれる。すなわち、東大寺の実忠が二月堂で十一面悔過をおこなうための本尊を求めて難波の海岸に行き、補陀洛山に向い、香花を供えて海に浮かべ、祈祷をこらしたところ、海のかなたより生身の十一面観音が閼伽《あか》の器に乗って来臨したといわれる。したがって、東大寺二月堂の観音は、海からの示現である。

第十番札所　三室戸寺

第十番札所は宇治・三室戸寺であり、ここは『源氏物語』宇治十帖の浮舟の碑があるところとして知られている。

ここの観音は、上醍醐山のふもと炭山の岩淵という池より出現したもので、(5)「光仁《こうにん》天皇は毎夜宮中にさし込む霊光に気づき、右少弁《うしょうべん》犬養に命じて、その源を探させた。犬養は、その光源に向ったが、それは宇治川の支流である志津《しづ》川の先にあり、それに沿って登って行くと、清い水を湛《たた》えた淵があった。犬養がそこに近づくと、千手観音が淵の中から光を放って現れた。犬養は急いで淵に飛び入り、底から高さ一尺二寸、つまり四十センチ足らずの金銅《こんどう》でできた千手観音像を拾い上げたという」。

このことから、三室戸寺の観音は、水中から示現した女神と認められる。

第十一番札所　上醍醐寺

第十一番札所の京都・上醍醐寺の観音は、真言宗の理源大師聖宝が五色の雲がたなびくのをみて登った醍醐山山頂に、柏の霊木で准胝観音と如意輪観音を彫り、祀ったものであるが、准胝観音はもともと女神ないし母神とされているものであり、また上述したように、如意輪観音も女神であって、これら准胝観音と如意輪観音が山の頂きに示現したものである。

第十三番札所　石山寺

第十三番札所の滋賀県大津市の石山寺については、右大将藤原道綱の母の『蜻蛉日記』、和泉式部の『和泉式部日記』、菅原孝標の女の『更科日記』、さらに清少納言による『枕草子』などに石山詣の記述がある。また石山寺は、紫式部が『源氏物語』須磨・明石の巻を書いたところといわれ、石山寺には紫式部の人形とともに「源氏の間」もある。

この石山寺の観音――石山観音は岩盤の上に安置され、岩上に示現しているものであるから、女神をあらわすものであるが、石山観音が女神であることは、十二世紀初めの成立といわれている説話集『今昔物語集』の巻十六のなかの「石山観音人を利するが為に和歌の末をつくること第十八」の話からも認められる。

この話は、近江国の男の妻が若々しく美しく思慮深くもあったので、国司がこの妻を自分のものにしたいと思い、男に上の句は封印してわからない和歌の下の句をつけろといい、男が勝てば国を分けて治めさせるが、国司が勝てば妻を差し出せと命じる。男は妻の教えにしたがい、石山寺にお籠りしたが夢もみない。嘆き顔で家に帰る途中で気高げな女性が声をかけ、和歌の下の句として「みるめもなきに人のこひしき」と付けろと教えた。国司のもとに参上し、上の句をみると「あふみなるいかごのうみのいかなれば」とあり、下の句とぴったり合うので、男の勝ちになったというものである。なお、和歌の意味は、「どういうわけなのか、まだお逢いしたこともないのに、あなたが恋しく思われます」であるという(6)。声をかけた〝気高げな女性〟が観音の化身であることは明らかであり、石山観音はこのように女性として現れる。

なお、石山寺には、寺内奥の池の近くにある小山に西国三十三所霊場にかかる観音石仏が点々と置かれている。また、第十五番札所の今熊野観音寺にも、多宝塔に向う登り道に西国三十三所観音の石仏が点在している。

第十六番札所　清水寺

第十六番札所は京都・清水寺である。清水寺の縁起によれば、清水寺の創建は七七八年であり、平安時代に入る直前の創建であるが、その約二二〇年後、清少納言が『枕草子』の第二二五段に清水に参籠したことが記載され、第二三八段には特に観音の縁日である十八日に清水寺に籠り合うことが騒しいと述べている。清水寺は、現在でもいつ参詣しても混雑しているが、清少納言の時代においても、清水寺はすでに混み合っていたことが知られる。

清水寺は、女人信仰の地としても知られているが、『今昔物語集』には、清水寺の観音に関して以下の逸話がある。(6)

『今昔物語集』巻十六の「女人清水観音に仕うまつりて利益をこうぶること第九」は、身よりもなく貧しい女が富を得られるように毎日朝夕欠かさず清水の観音にお参りしていた。清水に参る坂に柴の庵に住む老婆が女を呼びとめてそのうちおしあわせになられましょうという。ある夜、女が愛宕寺の大門に休んでいると、陸奥守の子である男と出会い、契りをむすんで男の国に行くことになった。女は老婆に別れをつげにいったが、身に持つものはなく、自分の髪をひと丸め切って与えた。四年後に上京して老婆を訪ねたが庵はなく、清水のお堂に参詣し、観音を見上げると、観音の施無畏の手に女が切り取った髪がまかれていたという。

清水寺の観音は、このように女性として示現し、観音を信仰するものに福徳を与える。また清水寺に参詣する場合、八坂塔あるいは二年坂のほうからいく道に三年坂があるが、これは産寧坂ともいい、女の産みやすき坂という。その由縁として、聖武天皇の后・光明皇后が懐妊したとき、皇后が観世音に安産を祈ると、夢に老僧があらわれ、安産を祈るのであればこの観世音を祈れといい、二寸の尊像を与えた。夢からさめると枕辺に黄金の観世音の小像があり、この尊像を尊信したところ、月みちていとやすやすと姫君——のちの孝謙天皇が降誕した。皇后は礼謝のために泰産堂を建立し、本尊としてこの小仏の観世音を安置したという。いま、三年坂の路をふんで祈願する女人は安産の疑いなしとし、この坂を産寧坂という、とある。(4)

したがって、清水寺が女人信仰といわれる由縁はこのことからも認めうることである。なお、現在泰産寺は清水寺の奥にあり、そのそばに子安塔もある。

第二十四番札所　中山寺

第二十四番札所は、兵庫県宝塚市にある中山寺である。中山寺の観音は、『勝鬘経』の主人公であるインドの勝鬘夫人が女人済度の悲願をこめてみずからの姿を彫らせたものといわれる。したがって、中山寺の観音は女人である。

また、中山寺は、聖徳太子の開基とされるが、第十四代仲哀天皇の后であった大仲姫《おおなかつひめ》の墓所がある山に開いたとする伝承がある。(5)

このように中山寺は女人観音の地といえるが、中山寺は、上述したように、徳道上人が焔魔王からもらい受けた宝印を納めたところであり、花山法皇が西国三十三所巡礼を再興すべくこの三十三個の宝印を受けだしたところである。そうすると、中山寺は三十三所巡礼の発祥となった地であり、三十三所霊場は女人観音のいる地で生まれたということができる。

ところで、中山寺のある宝塚は、少女歌劇の発祥の地としても知られているが、女人観音のいる地に少女歌劇が起ったのも偶然ではないように思える。

円教寺の長い参道にある三十三所観音
兵庫県姫路市

第二十七番札所　円教寺

第二十七番札所は円教寺であり、姫路城で有名な姫路市にある。また、円教寺に至る参道には西国三十三所観音の青銅像が立ち並ぶ。円教寺は、性空上人によって九六六年に創建されたといわれ、性空上人については、先に述べた江口の遊女との話が有名である。

円教寺の観音については、天人が舞い降りた桜樹に性空が礼拝し、如意輪観音を彫ったところ、不思議な鳥が集まり、仏の誕生を賀してさえずり、堂の下から清水が湧きだしたという。(5) この観音を安置する摩尼殿が舞台造り（懸造）であり、また堂の下から清水が湧出したという点から、本尊の如意輪観音は女神であると認められる。

第三十番札所　宝厳寺

第三十番札所の宝厳寺は、琵琶湖の竹生島にある。竹生島は弁才天の島であり、この竹生島・弁才天は、江ノ島の弁才天、安芸の宮島の弁才天と並ぶ日本三大弁才天のひとつである。この竹生島には、もとは浅井姫命が祀られていたのが弁才天と習合したというが、琵琶湖の島に降臨した観音は、弁才天ないし浅井姫命が示現した態様であるといい得る。

第三十三番札所　華厳寺

第三十三番札所の結願寺である華厳寺は、岐阜県揖斐郡に所在するが、華厳寺のある揖斐川町の志津山に姫ケ井という泉がある。菅原道真が華厳寺を参詣したとき、揖斐川の支流の白石川の川淵より龍宮の乙姫が現れ、姫ケ井の水を汲んで道真にささげたという(5)。この龍女は、観音の化身であろう。

以上のように、西国三十三所霊場の多くの観音は、女神が示現する滝、海、大地、岩、池などに示現することから、女神とみなし得るものである。

第三節　坂東三十三所観音霊場における女神観音の示現

第一番札所　杉本寺

坂東三十三所観音霊場の第一番札所は、鎌倉・杉本寺である。ここには行基作、慈覚大師円仁作、恵心僧都作と伝承された三体の十一面観音が祀られている。三体の十一面観音であるから、合計三十三面――三十三観音に相当し、第一番札所にふさわしいものと認められる。

第二番札所　岩殿寺

第二番札所の逗子・岩殿寺の観音は、岩壁に十一面観音が影向したとされる。また、岩窟のなかに安置されていること[7]から、女神と認められる。

なお、寺号の「岩殿寺」は境内が岩で覆われていたことに由来するという[8]。

第四番札所　長谷寺（長谷観音）

第四番札所の鎌倉・長谷寺の観音は、高さ九一八cmで、木像の仏像としては日本最大である[8]。

この長谷寺の観音は、大和の泊瀬の尊像と同木同作にして、天平年中に出現したといわれ、さらに詳しくは、

天平八年丙子《ひのえね》の中夏、鎌倉由井の沖に光り出づる所あり。毎夜そのほとりを照して恰かも白昼の如し。漁夫等これを怪しみて、櫂《かひ》や棹にて打ち見る者は、忽ち惣身立ちすくみて動かず。然るに六月望《もち》の大潮より、この浦殊に風雨烈しく、潮水怒って陸にのぼる。同じく十八日の朝に至り、雨止み風静まって見れば、由井の浜に大悲の像を打ち上げたり。漁夫ら鯨を得たりと争ひ出で、近づき見れば十一面観世音なり。それより浦々の者集り拝し、忽ち仮屋を作り尊像を安置し奉る。

とされたもので、[7]このように海から示現し、しかも奈良・長谷寺の観音と同木同作といわれることから、この鎌倉・長谷寺の観音も、女神であることに変わりはない。

第六番札所　長谷寺（飯山観音）

神奈川県厚木市にある第六番札所は、長谷寺《はせでら》であり、第四番札所と同じ寺名であり、このためこの観音を地名にちなんで飯山観音と呼び、第四番札所の長谷観音と区別する。なお、坂東第十五番札所も長谷寺《ちょうこくじ》であり、この観音も地名にもとずいて白岩観音と呼ぶ。長谷寺（はせでら、またはちょうこくじ）という名の寺は関東だけでも二十数カ寺もあるという。[8]

この飯山観音については、神亀二年（七二五）にこのあたりに輝く泉が湧き出し、行基が通りかかると泉の中から十一面観音が示現したので、行基は楠で一体の観音を刻み、その体内に泉から示現した観音を安置したという(8)。したがって、泉より現れた観音は女神であると認められる。

なお、飯山観音の寺内には、坂東三十三所霊場にかかる観音石仏が祀られている。

第七番札所　光明寺

神奈川県平塚市の第七番札所である光明寺の金目観音は、大宝二年（七〇二）に金目川が相模湾に入る大磯町小磯の浜で、潮汲みの海女の桶に示現したといわれている(7)。観音が小磯の浜より出現したことからすると、この金目観音も女神といい得る。

第十一番札所　安楽寺

埼玉県東松山市の吉見の地にある第十一番札所の安楽寺の吉見観音は、岩洞より示現したもので、吉見の荊棘《うばら》にふさがった地に坂上田村磨呂（坂将軍）がいたったとき、

その荊棘の中に異香薫ずる所あり。諸人怪しみ、その所を求むるに、岩洞の口に石扉をとざしたるあり。軍勢これを押し開かんとするに、金輪より衝き出でたるが如し。時

に坂将軍その岩戸に立ち向ひ、一心に大悲者を念じ奉れば、忽ち山林震動して岩戸おのづから開け、中に聖観世音光明を放ちて立たせ玉ふ。その尊容の光彩庸工の及ぶところにあらず。

といわれる。(7) このように岩洞より出現した観音は女神である。

第十三番札所　浅草寺

第十三番札所の東京・浅草寺の観音について、『三十三所坂東観音霊場記』によると、本尊の御長《みたけ》一寸八分の聖観世音菩薩は、推古帝のときに漁網にかかり海中より出現したという。この観音は、兄弟三人の漁夫（兄・檜熊、仲・浜成、末・武成）の感得によるもので、三人は、

果して一宇の香堂を営み、感得の霊像を安置せり。つひに三人剃髪染衣《ぜんえ》の身となり、生涯尊像を守護し奉る。三人命終《みやうじゆう》の後は、三社権現《さんじや》と崇め祠らる。今、三所の護法神と称す。

というものである。(7)

これに対し、浅草寺が編集・発行している『図説浅草寺―今むかし―』によると、浅草寺に伝存の『浅草寺縁起《せんそうじえんぎ》』によると、推古《すいこ》天皇三十六年（六二八）三月十八日の

早朝、檜前浜成《ひのくまのはまなり》、竹成《たけなり》兄弟が江戸浦（隅田川の下流辺りを昔は宮戸川《みやどがわ》といった）で漁《ぎょ》撈《ろう》中、一体の仏像を投網《とあみ》の中に発見した。それを土師中知《はじのなかとも》が拝し、聖観世音菩薩《しょうかんぜおんぼさつ》の尊像であることを知り、自ら出家《しゅつけ》し、屋敷を寺に改めて深く帰依《きえ》したという。これが浅草寺の草創である。

とされており、檜前兄弟と土師中知の三人を祀ったのが三社権現社で、いまの浅草神社であるという(9)。

したがって両書で若干の相違があるが、いずれにしても浅草観音が水中より示現したことは同じであり、この浅草観音も女神であることが認められる。

なお、清水谷孝尚氏によれば、浅草の地に関し、

境内から石棺《せきかん》（伝法院庭園に現存）が出土したことにより、古墳時代には、すでに人が浅草に住んでいたことが判明した。それに戦後、観音堂の焼跡を網野師が発掘調査された結果、白鳳時代から奈良朝にかけて造られた青海波文を有する甕の破片及び土師《はじ》器《き》、須恵器《すえき》の陶鉢、華瓶《けびょう》、特に密教用具の油皿、また奈良朝の古瓦などが出土し、考古学の上から浅草寺が奈良朝には実在していたことが立証された。

とされ(10)、浅草寺の創建が推古天皇の時代までさかのぼるか否かはともかく、東京（江戸）の地ないし浅草の地には、古墳時代から人が住みついていたものである。

また、後深草院の女房であった御深草院二条の日記文学『とはずがたり』には、鎌倉時代末期に二条が浅草を訪れたときのことを、

……この国には浅草と申すお堂がある。十一面観音《かんのん》がご本尊としていらっしゃり、霊《れい》仏《ぶつ》だと人々が申しあげているにつけても拝見したくて参詣したが、野の中をはるばると分けて行くと、萩《はぎ》、女郎花《おみなえし》、荻《おぎ》、薄《すすき》以外には、交じるものもなく、これらの草丈は、馬に乗った男が見えないほどなので、想像できよう。三日間だろうか、分けて行くけれども尽きることもない。ちょっと脇へ行く道にこそ宿などもあるものの、はるばるとあたり一面は、今までやってきた方もこれから行く先も、野原である。

観音堂《かんのんどう》はちょっと高くて、それも木などは生えていない原の中に鎮座しておられたと記す(11)。したがって鎌倉時代末の浅草は、いまでは想像のつかない閑散としたもの寂しいところであったにちがいない。

第十五番札所　長谷寺（白岩観音）

第十五番札所の白岩観音を祀る寺院・長谷寺に関しては上述したところであるが、この白岩観音についての縁起では、役行者が越後の国の海上に浮かび上ったものを、ここ棒名山麓の白岩に運んできたものという(8)。そうすると、この白岩観音は海に示現したものである。

第十七番札所　満願寺

栃木県栃木市にある第十七番札所の満願寺は出流《いずる》山上にあり、山中には七つの岩窟（鍾乳洞）がある。その一つが奥の院拝殿とされ、このように満願寺奥の院の出流観音は、岩洞内に示現しているから女神と認められ、

……自然《じねん》石の十一面観世音、うしろ向きにて光明を放ち、岩屋の中央にましくける。その立像御長《みたけ》二丈余り、頭冠《づかん》・瓔珞・御衣《みころも》等、そのほか蓮台・伏蓮花まで、不可思議の妙相を具し玉へり。

といわれる。(12)

第十九番札所　大谷《おおや》寺

栃木県宇都宮市にある第十九番札所の大谷寺の観音は、像高三九八cmの千手観音立像であるが、この観音は岩山に刻まれており（いわゆる磨崖仏）、岩に示現している。

また、この大谷寺の近くに、高さ約二七mの平和観音の巨像が祀られている。

第二十七番札所　円福寺

第二十七番札所は、千葉県銚子市の円福寺である。ここの観音（飯沼観音）については、

海上に毎夜光りの出《い》づる所があり、二人の漁夫が海中の光りの出づる所に網を下して引き上げると、

……十一面観世音菩薩、瓔珞荘厳《ようらくしやうごん》の妙相を具し、手印持物等は常の如く（左の手に紅蓮華軍持を執り、右の臂に珠数を掛け、及び施無畏の手に作るなり）、別に左の脇に馬脳《めなう》石をさしはさみ、網に罹りてまし〳〵ける。

とあり、(12)十一面観音が出現した。したがって、飯沼観音は海より示現したものである。

第二十八番札所　龍正院

第二十八番札所の千葉県滑河の龍王院の観音（滑河観音）については、

……本尊十一面の像は常州下総の堺《さかい》川（小田川と云ふ）朝日《けさ》が淵より出現なり。御長《みたけ》一寸二分、竜宮の鋳造にして、閻浮檀金《えんぶだごん》の聖容《しようよう》なり。

とあるが、(12)本尊が河から出現した因縁について、飢饉に際し当地の領主小田宰相将治が民家のために災厄を除かんとして法華千部の講会を設けるなどしたときに、

この大法会の満日に至り、異相の少女忽然と現じ、宰相将治の前に立てり。将治これを怪しみ見て、女性《によしやう》は何人《なんびと》なりと問へば、少女答へて、我れは朝日《けさ》の前と云ふ。なんぢ民のために家財を尽し、我が身を忘れて他を恵む。まことに世間の仁君子、仏家に

取っては菩薩の行なり。我れ今汝が志願を助けんと、遥かの海底を淩ぎ来たれり。（補陀洛山か、または竜宮界か。）この地の小田川の淵より、乳色《にふしぎ》の霊水涌き出づる。汲み与へて民家の患ひを避けよと。立ち去って小田川のかたへ走せ行きける。

という話があり[12]、この場合、この少女は観音の化身であろう。

またこのとき、一人の老僧が舟に乗って現れ、川から一寸二分の観音をすくい上げて将治に与えたという話もあり、この滑河観音は女神と認められる。

第二十九番札所　千葉寺《せんようじ》

第二十九番札所の千葉県千葉市の千葉寺の観音については、

人王四十五代聖武帝の御宇、天平二年秋八月、行基大士武蔵の国を経て、当国の海辺を過ぎ玉ふ。前途海を去ること遠からずして、池田の郷《さと》に大いなる池あり。大士池の中を臨み見玉へば、水金色にして栴檀の香あり。いよ〳〵視るに中央に雲気集まり、雲中に微妙の声あって、三界六道、皆令解脱と聞ゆ。大士奇異の念をなしけるに、忽ち風吹き雲散じて見れば、千葉《せんえふ》の青蓮華《しやうれんげ》一の茎生じ、水上に出でて清香を送る。華《はな》已に円満開敷《かいふ》して、その中に十一面観自在尊、光明赫奕として説法し玉ふ。

といい[12]、千葉寺の観音は池の中（の蓮華）に示現した女神である。

第三十一番札所　笠森寺

札所第三十一番の千葉県上総の笠森寺は、伝教大師最澄が楠の大木の根本に十一面観音を感得し、楠を刻んで高さ七尺六寸の観音を造り、その胎内に根本の観音を納めたものといわれるが、(12) 笠森寺の観音堂は山上の岩に懸造りされており、観音は岩上に示現しているものである。

第三十三番札所　那古寺

坂東三十三所霊場の結願寺である第三十三番札所は、千葉県館山市にある。この那古寺の観音は、海中からの霊木を刻んで得た千手観音である。(8) したがって、この観音は海から示現したものとみなすことができる。

以上のように、坂東三十三所霊場の多くの観音も、西国観音霊場の観音の場合と同様に、海、泉、川、池、洞窟、岩などの女性原理を示すところに示現しているものであるから、女神であると認めることができる。

第四節　地方霊場における女神観音

西国観音霊場や坂東観音霊場への巡礼は、いまでも活況を呈しているが、西国・坂東霊場以外の地方霊場における観音巡礼も盛況を呈している。こうした地方霊場は特に江戸時代以降に成立したものが多いが、この点に関して速水氏は、

江戸時代の巡礼の盛行、巡礼の民衆化は、西国霊場の地方版とでもいうべき多数の地方霊場を形成した。新城常三氏が精査したところによれば、坂東・秩父のように中世に起源を持つ地方霊場も十余りあるが、江戸時代に形成された地方霊場は、北は東北から南は九州まで百六十四を数え、その過半は十八世紀前半の享保年間ころまでに成立している。

……これら多数の地方霊場は、西国巡礼に参加できぬ地方の民衆、ことに女性層を吸収し、観音信仰の民衆的底辺をますます拡大したのであった。

と指摘する[13]。以下、地方霊場について略説する。

(i) 東日本の観音霊場

東日本における各地の霊場としては、[14] たとえば、奥州、最上、会津、安房、新上総国、武蔵野、江戸、鎌倉三十三所観音霊場などがあり、また秩父三十四所観音霊場もある。

奥州三十三所観音霊場は、十二世紀初頭の開創と伝えられ、その三十三番札所は、以前に瀬戸内寂聴氏が住職であった岩手県にある天台寺であり、本尊（以下では「札所本尊」を意味する）は聖観音である。

最上三十三所観音霊場は、江戸中期に札所の順番が決ったとされ、第二番札所は〝閑さや岩にしみ入る蝉の声〟の芭蕉の句で有名な山形県の山寺（千手院）であり、本尊は千手観音である。なお、山寺には、奥の院に至る坂道に西国三十三所霊場にかかる観音石仏が点在している。

会津三十三所観音霊場は、十七世紀後半に定められたとされ、第十番札所が最澄との論争で知られる法相宗徳一の建立にかかる勝常寺であり、本尊は十一面観音である。また、第三十番礼所が弘安寺（中田観音）で、野口英世が帰依したところであり、本尊は十一面観音である。

聖観音　岩手県二戸市　天台寺

十一面観音　山形県山形市　山寺

安房三十四所観音霊場の創まりは貞永（一二三二）とされているが、その当否はともかく、この安房観音霊場の第一番札所は那古寺であり、これは坂東三十三所霊場の第三十三番札所でもある。第八番札所は鋸山の日本寺（本尊十一面観音）であり、鋸山には百尺観音、東海千五百羅漢、西国三十三所観音などの多数の石仏が立ち並ぶ。また、第十七番札所は、日蓮上人が立宗開教した清澄寺（本尊十一面観音）である。

三十三観音石仏　千葉県君津市西猪原　久原寺

新上総国三十三所観音霊場は、平成八年に再興したものであり、第一番札所は、坂東三十三所霊場の第三十番札所である高蔵寺（高倉観音）である。また、第十一番札所は久原寺（本尊聖観音）であり、この久原寺の境内には可愛い三十三観音の石仏が集い遊んでいる。

武蔵野三十三所観音霊場は、昭和十五年（一九四〇）頃に選定したもので、第一番札所は東京・練馬区の東高野山といわれる長命寺（本尊十一面観音）である。また、第三番札所が三宝寺（本尊如意輪観音）であり、第三十三番札所が埼玉県飯能市の竹寺（八王寺）で、その本尊は聖観音である。

江戸三十三所観音霊場は、元禄十年前後に始められたものであるが、明治時代以降忘れられていたものを昭和五十一年（一九七六）に昭和新撰江戸三十三所観音霊場として再建されたもので、第一番札所が、坂東観音霊場第十三番札所でもある浅草寺である。第四番札所は

准胝観音　東京都目黒区　成就院

聖観音
東京都目黒区　瀧泉寺（目黒不動）

両国・回向院（本尊馬頭観音）で、ここにはねずみ小僧の墓がある。第六番札所が上野公園の清水観音堂（本尊千手観音）で、ここには子育観音も祀られている。第十一番札所の白山・円乗寺（本尊聖観音）には八百屋お七の墓がある。第十二番札所が千姫などの墓石がある伝通院（本尊無量観音）、第十三番札所が護国寺（本尊如意輪観音）と、大寺院が続く。第十四番礼所が目白不動のある金乗院（本尊聖観音）である。第二十一番札所は芝・増上寺で、札所本尊西向観音の近くには千体地蔵が並ぶ。第二十九番札所が高野山東京別院（本尊聖観音）で、境内には四国八十八所の可愛い石仏が祀られている。第三十一番札所は品川寺

（本尊水月観音）であり、その本尊は海中から出現したという。品川寺の門前には江戸六地蔵第一番の大きな地蔵尊が祀られ、東海道を往来する人々の安全を祈願している。第三十三番札所が目黒・瀧泉寺（目黒不動）であり、本尊は聖観音である。その墓地には立派な六観音石仏が並ぶ。

なお、目黒不動の近くに成就院という寺があり、その境内に阿弥陀仏を中心にして向って右に三観音、左に三地蔵の石仏が立ち並んでいるが、このうち三観音については、

七体の石仏はある女の悲願の結晶である。大奥に奉公したいと願って聖観音に祈り、将軍の側妾となり、その寵を願って十一面観音に托し、最後はお腹さまとなることを准胝観音に祈った。その三つの願いが叶ったので石像三体を造り奉納した。女の名はお静、二代将軍秀忠の側室、阿静の方浄光院の若き日のことである。

といわれ、[15]いずれの観音も静謐さをただよわせた像である。

鎌倉三十三所観音霊場は、鎌倉の著名な寺院が含まれており、第一番杉本寺、第三番安養院、第四番長谷寺は、それぞれ坂東観音霊場の第一番、第三番、第四番札所でもある。第十八番札所の光明寺（本尊如意輪観音）は浄土宗関東大本山であり、第二十二番札所の極楽寺（本尊如意輪観音）は真言律宗の忍性上人の開山した寺として有名である。第二十三番札

百観音の一　神奈川県鎌倉市　円覚寺

所の高徳院（本尊聖観音）は鎌倉の大仏（阿弥陀仏）が祀られているところとして著名である。第二十八番札所は鎌倉五山の第一である建長寺（本尊千手観音）であり、第三十番札所は紫陽花《あじさい》寺として有名な明月院（本尊如意輪観音）である。第三十一番札所は鎌倉五山第四の浄智寺（本尊聖観音）で、ここには可愛い赤子を抱いた慈母観音の石仏がある。第三十三番札所は鎌倉五山第二の円覚寺（本尊十一面観音）であり、ここには百観音霊場にかかる楽しさにあふれた石仏が並べ祀られている。

甲斐国三十三所観音霊場の第十三番札所は北杜市上津金の海岸寺（本尊千手観音）であるが、ここには江戸時代後期に石仏彫像で活躍した守屋貞治による百観音の石仏が並んでおり、一見の価値がある。

秩父三十四所観音霊場は、室町時代中期には成立していたといわれ、西国・坂東霊場と合せて百観音霊場を構成することは上述したとおりである。また、この秩父三十四所霊場の第四番札所である金昌寺（本尊十一面観音）は、すでに紹介した慈母観音が祀られているところとして知られているが、金昌寺にはさらに千数百体の石仏がある。第五番札所の語歌堂は准胝観音を本尊とするが、百観音霊場のうち准胝観音を本尊とするのは、ほかに西国霊場のなかの上醍醐寺のみである。第九番札所の明智寺は、本尊の如意輪観音が女性的といわれ、安産子育ての観音といわれている。第三十番札所の法雲寺の本尊は如意輪観音であり、鎌倉・建長寺の道隠禅師が中国から請来したものであるが、この観音は楊貴妃観音といわれている。(16)

（ii）西日本の観音霊場

中部地方の観音霊場としては、江戸時代の開創とされる**信濃三十三所観音霊場**と**美濃三十三所観音霊場**がある。また、千光寺（第三十三番札所・本尊千手観音）などの円空上人による円空仏を祀った札所が約半数を占めるという**飛騨三十三所観音霊場**、さらに、同じく多数の円空仏があることで知られる第十二番札所の荒子観音寺（本尊聖観音）、それに第一番札所の大須観音で知られる宝生院（本尊聖観音）を含む**尾張三十三所観音霊場**がある。

若狭三十三所観音霊場は昭和五十七年（一九八二）の開創とされ、その第十六番札所が若狭神宮寺（本尊十一面千手観音）である。ここは、近世までは若狭彦神社、若狭姫神社の神宮寺であったもので、ここでは薬師如来、十一面観音とともに遠敷《おにゅう》彦と遠敷姫とが同居して祀られ、神仏習合している。この神宮寺では、毎年三月二日に香水を遠敷川に流す「お水送り」の神事がおこなわれる。ここで送られた香水は、十日後の三月十二日に奈良・東大寺二月堂の「若狭井」に届くとされ、二月堂のお水取りがおこなわれる。

北陸三十三所観音霊場は昭和六十二年（一九八七）の開創とされるが、その第五番札所が羽賀寺であり、羽賀寺は上述した若狭神宮寺近くの小浜市にあるが、本尊十一面観音は、女性天皇である元正天皇の御影とされ、非常に美麗な観音である。

近江三十三所観音霊場は、西国三十三所の石山寺、三井寺、観音正寺、長命寺を含み、また湖東三山といわれて紅葉の名所でもある金剛輪寺（本尊聖観音）、百済寺（本尊十一面観音）、西明寺（本尊十一面観音）を含む。さらに、第二十二番札所は石塔寺（本尊聖観音）であるが、ここには阿育王塔とよばれる石塔三重塔があり、数万ともいわれる石塔、それに石仏が並んでいる。第二十九番札所は櫟野《らくや》寺で、その本尊十一面観音は丈六（三一二cm）の坐像である。この寺の門前には、形姿が同一の多数の観音石仏が並列している。

十一面観音　滋賀県甲賀市　櫟野寺

新西国三十三所観音霊場は、昭和七年（一九三二）に人気投票により選定されたもので、西国三十三所の札所に含まれない近畿地方の有名寺院からなる。たとえば、第一番札所が四天王寺（本尊救世観音）、第五番が道成寺（本尊千手観音）、客番の観心寺（本尊如意輪観音）、第九番が飛鳥寺（本尊飛鳥大仏）、第十番が橘寺（本尊如意輪観音）、第十一番が当麻寺（本尊を当麻曼荼羅とする）、第十六番が大報恩寺（本尊六観音）、第十八番が延暦寺（本尊聖観音）、第十九番が鞍馬寺（本尊千手観音）、第二十一番が神呪寺（本尊如意輪観音）、第三十一番が花岳寺（本尊千手観音）などが含まれる。

このうち、第五番札所の道成寺は、長唄と舞踊〝京鹿子娘道成寺〟で知られており、安珍と清姫の物語は有名であるが、この道成寺の観音は海中から出現したといわれる。

京都市内には、**洛陽三十三所観音霊場**がある。この洛陽観音霊場は、最初にその三十三所を定めたのは後白河天皇と伝えられ、応仁の乱でいくつかの札所が廃絶したが、江戸時代に六角堂を起点に札所が定められたもののその後次第に衰退し、あらためて平成十五年（二〇〇三）に再興されたものであり、京都市内の有名寺院を含む。

たとえば、第一番札所が六角堂、第二番が新京極の誓願寺（本尊十一面観音）、第三番が女性の守り本尊・仏母准胝観音を祀る護浄院（清荒神《きよしこうじん》）、第四番が革堂行願寺である。第五番札所は紅葉の名所である真如堂（本尊十一面観音）、第六番が金戒光明寺（本尊千手観音）であり、その高台にある三重塔から京都市内を見下ろす景色は素晴しい。

第十番から第十四番までの札所は清水寺の関係で、第十番は清水寺仁王門のそばにある善光寺堂（本尊如意輪観音）、第十一番は奥の院（本尊三面千手千眼観音）、第十二番が本堂（本尊十一面千手千眼観音）、第十三番が本堂の手前にある朝倉堂（本尊十一面千手千眼観音）、第十四番が泰産寺（本尊十一面千手千眼観音）である。

また、第十五番札所が六波羅蜜寺、第十七番が蓮華王院（三十三間堂）で、その本尊は湛慶作の十一面千手千眼観音である。第十九番札所が西国観音霊場第十五番でもある今熊野観音寺、第二十番札所が泉涌寺で、今熊野観音寺は泉涌寺の塔頭の一つである。泉涌寺の礼所本尊は楊貴妃観音であり、非常に美麗な像で、女性のあつい信仰を集めているという（楊貴妃観音を札所本尊とするのは、上述した秩父観音霊場の第三十番札所法雲寺がある）。なお、楊貴妃については、山口県長門市の二尊院の境内に楊貴妃の像があり、楊貴妃の墓もある。楊貴妃は安禄山の乱を逃れて山口県長門の向津具にたどりつき、この地で没したとする伝承がある。

楊貴妃像　山口県長門市　二尊院

泉涌寺には、その境内に清少納言の碑があり、また泉涌寺の近くには鳥戸野陵《とりべの》があってここには清少納言がつかえた、一条天皇の最愛の中宮・皇后であった定子が祀られている。

洛陽観音霊場の第二十三番札所は東寺（本尊十一面観音）であり、その境内にある五重塔は高さ約五五mで、日本最大の高さをほこる木造塔である。第二十八番札所は新選組で知られる壬生寺中院（本尊十一面観音）であり、第三十二番札所は紫式部の邸宅跡といわれる廬山寺（本尊如意輪観音）である。

洛西三十三所観音霊場は、京都西山から桂川流域にある寺院からなり、第一番札所は西国観音霊場第二十番の善峰寺であり、第三番が在原業平が晩年を過ごした寺といわれる十輪院（本尊十一面観音）、第六番が牡丹の名所の乙訓《おとくに》寺（本尊十一面観音）、第七番が西山浄土宗の総本山である光明寺（本尊十一番観音）である。そして第三十三番が如意輪観音で知られる宝菩提院である。

大阪三十三所観音霊場は、近松門左衛門の浄瑠璃『曽根崎心中』の冒頭において、遊女お初が観音廻りをおこなった霊場で、平成八年（一九九六）に再興されたものである。

以上のように、日本の各地域に、新旧数多くの観音霊場が設けられ、これら札所の観音も、これまでの記述から認められるように、女性ないし女神として信仰を受けていると思われる。

【註】

1　金指正三校註『西国坂東観音霊場記』青蛙房（平成19年）14～15頁
2　白木利幸監修『西国三十三所観音巡礼の本』学習研究社（２００８年）28～31・41頁
3　速水侑：前掲第六章1　286頁
4　金指正三：前掲1　19～20・47・57～59・39・69・73・116頁

5 白木利幸：前掲2　41・77〜78・136〜137・153・163・176頁
6 馬淵和夫等校註・訳『今昔物語集②』小学館（2000年）
7 金指正三：前掲1　223・232〜233・245・263・271〜272頁
8 安宅夏夫『坂東三十三ヵ所・秩父三十四ヵ所めぐり』JTB（1997年）17・20・24・50〜51・85・94頁
9 金龍山浅草寺『図説浅草寺―今むかし―』東京美術（1996年）10頁
10 清水谷孝尚『観音巡礼―坂東札所めぐり―』文一出版（昭和46年）130〜131頁
11 後深草院二条『とはずがたり』（久保田淳訳）小学館（2008年）448頁
12 金指正三：前掲1　289〜290・297・331・334〜335・338・346頁
13 速水侑『観音・地蔵・不動』講談社（1996年）197頁
14 大法輪閣編集部『全国霊場巡拝事典』大法輪閣（平成9年）
山田英二『心から心への旅路　江戸三十三観音めぐり』大蔵出版（平成4年）
15『京都ことこと観音めぐり　洛陽三十三所観音巡礼』京都新聞出版センター（2006年）
『観音像の形と物語』：前掲第七章25　104頁
16 安宅夏夫：前掲8　111・143頁

第九章　物語のなかの女神観音

第一節　日本文学に現れた女神観音

日本最古の文学としては、『記紀』―『古事記』と『日本書紀』が挙げられる。もっともそれを作成した政権にとっては、歴史書として編纂したものであり、乙巳の変、大化改新以降、とりわけ天武・持統時代の記載は史実に基づくものが多いと考えられるが、もともと『日本書紀』は天武・持統によって確立された政権を正統化する意図によってつくられたものであるから、「事実」の偏向はあると思われる。いずれにしても、乙巳の変以前、特に継体天皇以前の記載は、一部に「事実」を含む可能性はあるとしても、実質的には伝承に基づく、創作にかかるものと考えられる。特に『古事記』は、仁賢天皇から推古天皇までの記載が天皇に関する単なる略歴にすぎず、それ以前の記載は実質的に創作と考えられるものである。なお、当然であるが、『記紀』が〝観音〟にふれるところはない。

日本の物語文学としては、九世紀末頃につくられたとされる『竹取物語』があり、十世紀に入って『伊勢物語』、『宇津保物語』、『落窪物語』などがつくられたが、十一世紀初めの『源氏物語』が日本文学として世界に〝光〟をはなつ。『源氏物語』には、石山参詣、長谷詣での物語はあるが、〝観音〟について具体的に記載されることはない。

しかし、室町時代に入って、『源氏物語』に関して観音の示現が生じる。すなわち、『源氏物語』では、夕顔の娘である玉鬘が長谷寺で夕顔の侍女であった右近と出会い、その後玉鬘は源氏のもとで育てられ、鬚黒大将の妻となり、男の子三人と姫君二人を産んだことが記されている（竹河の巻）。その後の玉鬘の消息について『源氏物語』では記載がないが、室町時代の謡曲によると、玉鬘は晩年に長谷に隠遁し、後に如意輪観音になって人びとの尊崇を受けたとする。(1)

なお、『源氏物語』の作者紫式部については、狂言綺語である『源氏物語』を書いたことから、紫式部が地獄に堕ちたとする説がある(2)一方、謡曲「源氏供養」においては、石山寺の観音菩薩が紫式部の姿をとってこの世に現れ、衆生を救うために『源氏物語』を書いたとしている。

また、『平家物語』は十三世紀中頃につくられたと考えられている。『平家物語』巻五には、文覚上人が那智の滝で荒行し、後に伊豆国で源頼朝と会い、挙兵をすすめる話があるが、『源平盛衰記』では、文覚上人が出家前に遠藤盛遠として北面武士であったときに想いを寄せた、鳥羽上皇の皇女に仕えていた袈裟御前が、観音の垂迹であったとの話がある。(3)

さらに、『平家物語』巻十の「横笛」によれば、平重盛に出仕していた斉藤滝口時頼は、建礼門院の侍従であった横笛と二世の縁を結んでいたが、時頼は父にその仲を責められ、否定された。時頼は、「親の諫を背かば不孝の身になりぬべし、従はば又あぢきなし。女の思ひをかうぶれば、五障三従の罪深しと思ひ切りて」菩提心を起こして嵯峨野の地に出家してしまった。横笛は嵯峨野に時頼を訪ねるが、会ってはくれず、横笛はその後奈良・法華寺に入り、間もなく病死したとされるが、横笛も観音の化身と観念されるという[3]。

袈裟御前も横笛も、遠藤盛遠や斉藤時頼に対し、この世の無常をさとらせ、出家をうながすために、観音の化身として彼らの前に示現したものであろう。

『平家物語』の同じく巻十の「千手前《せんじゆのまえ》」には、東大寺を炎上させてしまった平重衡《しげひら》が一の谷合戦でとらえられ、鎌倉に護送された後の話として、重衡は虜囚であるが手厚くもてなされ、手越の長者の娘の千手前の朗詠などに慰められ、重衡も千手前の琴に合わせて琵琶を弾く場面がある。千手前は後に尼となって、善光寺で重衡の菩提を弔ったという[3]が、「千手」という名前が千手観音を指すことは明らかであり、千手観音が遊女となって平重衡の前に示現したものである。

このように、『源氏物語』や『平家物語』のなかで、観音は女性＝女神として現れる。

観音は、「千手前」にみられるように、遊女と結びつく。川村湊氏が、遊女が観音となる、観音が遊女となるというのは、日本の文学史においては、さほど珍しいことではなかった。『梁塵秘抄』や『平家物語』などに登場してくる「観音」という名前の遊女、「仏」という名前の白拍子など、歴史とも物語ともつかない世界において、観音は遊女の世界と結びついていた。吉原遊廓が、浅草の観音様の近くに位置するというのも、単に偶然のことだったとは思われないのである。

と述べ(4)、また白洲正子氏も、

……平安朝の白拍子や遊女が、観音とか千手、熊野などという名前を持ち、下って徳川時代の太夫の道中が、来迎のお練りに見立てられたのも、皆そのような伝統による。観音が与える現世利益、あえていうならその娼婦的な性格が、どれ程民衆をひきつけたことか。民衆ばかりでなく、信仰は強ければ強い程、生身の観世音の魅惑には、抵抗することができなかったであろう。

といわれる(5)とおりである。

双体道祖神
東京都江東区亀戸　天祖神社

遊女と観音の結びつきについては、さ

らに近松門左衛門作の浄瑠璃『曽根崎心中』がある。これは、遊女お初の恋人である徳兵衛が油屋九平次に金をだましとられるなどして、絶望した徳兵衛がお初と心中する心中物であるが、浄瑠璃の冒頭において、遊女お初は大阪三十三観音廻りをおこなう。浄瑠璃は「げにや安楽世界より、今此の娑婆に示現して、我らが為に観世音仰ぐも高し」と語り、そして「三十三に御身を変へ、色で導き情けで教へ、恋を菩提の橋となし、渡して救ふ観世音誓ひは妙に有難し。」と語る。(6)

この遊女お初は、徳兵衛を浮世世間から真実の世界——浄土へと導く観音の化身と認められる。

第二節　説話のなかの女神観音

(i)『日本霊異記』に現れた女神観音

『日本霊異記』(7)は、正式には『日本国現報善悪霊異記』といい、九世紀初期に薬師寺僧の景戒によって編集された説話集で、上中下の三巻からなる。上巻は雄略天皇の時代から聖武天皇の神亀四年（七二七）までの三十五話、中巻は天平元年（七二九）から淳仁天皇の時代（七六三）までの四十二話、下巻は称徳天皇の時代（七六四）から嵯峨天皇の時代（八二三）までの三十九話である。

『日本霊異記』には、観音に関する説話が上巻に七話、中巻に六話、下巻に七話ある。上巻第三十一には、「ねんごろに観音を信じ頼り、そのご利益を祈って、この世で幸運に恵まれた話」として、聖武天皇の時代に吉野山で仏道修行した御手代東人《みてしろあずまびと》が観音の名を唱え、「南無観世音菩薩、わたしに、銅銭一万貫、白米一万石、それからみめ美しい女など、こってり授けてください」と祈ったところ、このようなむしのよい願いでさえも、「観音の威徳の力」によって叶えられたという話があり、観音は庶民のあいだで現世利益を与えてくれる神ないしは仏として信仰されていたものであるが、特に観音が女性として示現して利益を与えた話が『日本霊異記』中巻第三十四と第四十二にある。

中巻第三十四は、「みなしごの娘が観音の銅像を頼りにし敬った時に、不思議なことが現れて、この世で報いを得た話」であり、父母がいたときは裕福であったが、父母が亡くなってから貧乏になった一人のみなしごの娘が観音の銅像に幸運を願っていたところ、妻に先立たれたやもめの男が娘に求婚し、娘も承知したが、雨が降って帰られなくなった男に食べさ

聖観音
京都市左京区　真如堂

せるものもなく、娘が観音に祈っていると、隣りの家の乳母が食べるものを持ってこられ、娘は喜んで着ている黒い衣を脱いで乳母に与えた。次の日、娘が隣家にお礼にいったが、隣りの家では何も存じませんという。娘が帰って観音をみると、乳母にあげたはずの黒い衣が観音に着せてあったといい、観音が乳母となって現れ、娘を助けた話である。

中巻第四十二は、「きわめて貧しい女が、千手観音の像を頼り敬い、富を願って、裕福になった話」で、九人の子を産んだ貧しい女が穴穂寺の千手観音に富を授けてくださいと願って一年もたたないうち、妹が来て皮櫃《かわびつ》を預けていった。妹の足には、馬糞がついていた。女は妹を訪ね、櫃について尋ねたが、妹は知らないとのこと。帰って櫃を開いてみると銭百貫があり、女が千手観音の所に行ってみると、観音の足に馬の糞がついていたという。

これらの説話で登場した「乳母」や「妹」が観音の変化身であることは明らかであり、このように奈良時代とされる説話のなかにおいて、観音が現世利益を与えてくれる女神として現れることが示されている。

(ii)『今昔物語集』に現れた女神観音

『今昔物語集』(8)は、十二世紀初めの成立といわれている説話集で、巻第十六が観音の霊験譚を集めたものである。ここには第一から第四十までの話が挙げられている(ただし第三十九話は本文のかなりの部分が欠落し、第四十話は表題だけで本文は欠落している)。このうち『日本霊異記』に記載された話と重複しているものもあり、たとえば上述した『日本霊異記』の上巻第三十一、中巻第三十四と第四十二は、それぞれ『今昔物語集』巻第十六のなかの「御手代東人観音を念じて富を得むと願ふこと第十四」、「殖槻寺《うえつきでら》の観音貧しき女を助け給へること第八」、「女人穂積寺の観音の利益をこうぶること第十」と実質的に同じ話である。

『日本霊異記』に挙げられていない話のうち、「越前国の敦賀の女観音の利益をこうぶること第七」は、父母が亡くなって衣食にも事欠くようになった娘が観音にお助けくださいと願っていると、この家に七、八十人の従者をつれた三十歳ほどの男がきて宿を借りた。男は娘が亡くなった妻と生き写しであったので、娘と契りを結んだ。男は二十人ほどの人を残し

水月観音　福島県川俣町　中央公園

て若狭に出かけていったが、娘は残った人たちに食べさせる手だてもない。そこに以前に親が使っていた召し使いの娘がやってきて、娘の窮状を知ると食事を用意し、さらに帰ってくる男たち総勢七、八十人分の食事をもととのえた。娘はその召し使いの娘にお礼として紅の生絹《すずし》の袴をわたした。娘が観音にお参りすると、観音の肩に召し使いの娘にわたしたはずの紅の袴がかかっていたという話である。なお、鎌倉時代初期の『宇治拾遺物語』の巻第九「三　越前敦賀の女、観音助け給ふ事」もこれと同じ話である。

この話は、『日本霊異記』の中巻第三十四話や第四十二話と同様の、貧しい女性が観音信仰によって女性として現れた観音により幸運を得る話であり、われわれ庶民がむかしからこのような説話を好んだことが認められるものである。

なお、『今昔物語集』巻第十六のうち、「石山観音人を利するが為に和歌の末をつくること第十八」、および「女人清水観音に仕りまつりて利益をこうぶること第九」については、上述した石山寺、清水寺についての逸話のなかで紹介した。

このように、『今昔物語集』にも『日本霊異記』にも、観音が女性となって示現し、利益を与える話があり、奈良・平安時代より観音の女神性は庶民信仰のなかでいきわたっていたものである。

第三節　室町物語草子のなかの女神観音

南北朝時代から江戸時代初期にかけてさまざまな物語がつくられてきた。たとえば、『一寸法師』、『浦島太郎』、『酒呑童子』などは、だれでも子供のころになじんだ物語であろう。このような室町物語草子ないし御伽草子のなかにも、観音が女性として現れるものがある。たとえば、「小男の草子」では、山城の国から上京した小男が、貴家の姫君とおぼしい美女を見初め、恋文を送るが、姫君は男の姿におどろき、部屋に籠ってしまう。しかし、小男は和歌の力で姫君をくどき、二人は結ばれることになるが、小男は五条天神の神、姫君は聖観音として現れたという。(9)したがって、聖観音の女性性はこの話からも認められる。

なお、五条天神は、松原通りの、烏丸通りと堀川通りとのほぼ中間位置にある。ここには、比叡山一千日回峯行において、第九百日の京都洛中洛外の大廻りで回峯行者が立ち寄るところである。

また、京都府・天橋立にある成相寺の観音についての話として、「橋立の本地」という物語がある。これについては、大島建彦氏の要約(10)をお借りすると、

五条の左大臣高藤《たかふじ》は、清水《きよみず》の観音に願って、玉若《たまわか》という若君を授けられた。この若君は、笛の徳によって、梵天王《ぼんでんおう》の姫君をめとり、妻の助けによって、天皇の難題をはたした。しかし、梵天国の王宮に参って、らせん国の王を助けたために、最愛の妻を奪われた。そこで、らせん国の王宮をおとずれ、その妻と連れだって、ようやく故国に逃げかえった。やがて、夫は久世戸《くせのと》の文殊《もんじゅ》、妻は成相《なりあい》の観音とあらわれた

という物語であるが、この妻の本地が成相寺の観音であり、観音が梵天王の姫君として示現したものである。

なお、久世戸の文殊は、天橋立駅近くの智恩寺の文殊である。この文殊は、日本三文殊の一つとされている。また成相寺は、智恩寺とは天橋立をへだてた成相山の中腹にある西国

三十三所霊場の第二十八番札所である。

ちなみに、成相寺の創建は八世紀初めといわれ、真応上人の開基と伝えられるが、成相寺については、『今昔物語集』巻第十六の第四話・丹後国成相観音の霊験のこととして以下の話がある。(8)

貧しい僧が成相寺にこもり仏道修行していたが、ある真冬のとき、雪が降り積り、食糧も絶えて何日もたった。僧はこの寺の観音に今日一日食べて命を全うするだけの物をお恵みくださいとお願いすると、狼に食われた猪が目にはいった。生き物の肉を食う者は成仏の道が失われ悪道におちると思いながら、とうとう猪の左右の股の肉を切り取って煮て食べてしまった。そのうち雪も消え、村人がやってきてみると、鍋のなかに檜を刻んで煮て食べた跡がある。村人が成相の観音をみると左右の股のところが切り取られており、僧は観音に感謝しつつそれまでの出来事を話した。そして、僧は仏前にすわり観音に祈ると、観音の左右の股はもとどおりになったという。

女神である本尊聖観音が、僧のために猪となって現れ、その命を救ったものであろう。

聖観音
京都府宮津市　天橋立　成相寺

和歌山県熊野の那智大社に関する「熊野本地絵巻」の物語は、渡浩一氏の要約をお借りすると、

　天竺摩訶陀国《てんじくまかだこく》の善財王は千人の后《きさき》を持ちながら子がなかったが、観音の加護を得た五衰殿《ごすいでん》の女御《にょうご》が懐妊する。すると他の后達はそれを妬《ねた》み、奸計をもって王を謀《たばか》り、山中で女御を武士たちに殺させる。女御が殺される直前に生まれた王子は、山の獣たちに守られ、母の亡骸《なきがら》の乳房から出る乳を飲んで無事生長する。三年後、山の麓に住む聖《ひじり》が不思議な御告げによってこれを知り、彼を七歳まで養育し、善財王のもとへ連れて行く。すべてを知った王は、天竺を厭《いと》わしく思い、王子や聖の秘法で蘇生した五衰殿の女御や聖らとともに飛車で日本国紀伊国に渡り、熊野権現となって現れた。

というものである。(10)

この場合、五衰殿の女御は結の宮とされるが、結の宮は熊野那智大社の神（熊野夫須美大神・伊奘冉尊）であり、その本地は千手観音である。したがって、千手観音は、五衰殿の女御として、つまり女神として示現したものと認められる。

奈良県・当麻寺は、当麻曼荼羅があるところとして知られている。当麻曼荼羅は、中央に

阿弥陀如来、その左右に観音、勢至菩薩を配した阿弥陀浄土を示した曼荼羅であるが、この当麻曼荼羅に関して中将姫伝説がある。「中将姫本地」は、この中将姫伝説にかかわるものであるが、これも渡浩一氏の要約をお借りすると、

横佩右大臣豊成《よこはぎのうだいじんとよなり》の娘中将姫は三歳の時に母を失い継母《ままはは》を得る。継母は奸計《かんけい》と讒言《ざんげん》をもって豊成をだまし、豊成は武士に姫の殺害を命じる。しかし、武士は雲雀山山中に姫を連行したものの殺害できず、姫を山中に匿《かくま》い妻ともども養育する。数年後、豊成は雲雀山に狩に出かけ偶然に姫と再会を果し邸《やしき》に連れ帰る。姫は入内《じゅだい》させられそうになるが、生母の供養のためと道心から出家を決意し、出奔して当麻寺《たいまじ》に入り出家得度《しゅっけとくど》する。その後阿弥陀《あみだ》の化身の化女と観音の化身の織姫の援助で蓮糸で曼荼羅を織り、やがてその功徳で往生を遂げた。

とあり、[10]ここでは、観音が織姫となって示現し、そして中将姫を彼女が望む浄土へと導くことを示している。

この中将姫伝説は、女人往生思想をあらわし、男身を得てはじめて往生する（極楽浄土に向う）ことができるとする変成男子説とは異なり、女人のままで浄土に向うことができるとする考えを示すものである。

以上のように、観音は、いろいろな物語において、そのなかで、特に最終の場面で、女性

の姿をとり、女神として現れる。
これにより、物語の主人公である女性は聖化され、物語自体が観音示現譚として聖性を帯びる。そして、わたしたちも、このような物語を享受するなかで女神観音を感得することにより、聖化されることになることを期待したい。

【註】

1 永井義憲「中世文学と観音霊験譚」〈前掲第六章7に所収〉337頁
2 高木信「物語の逆説的流用」〈『人物で読む『源氏物語』第六巻―紫の上巻」に所収〉』勉誠出版〈2005年〉381〜383頁
3 濱中修『平家物語とその周辺』新典社（2020年）17・9・19・100〜103頁
4 川村湊：前掲第四章11　149頁
5 白洲正子：前掲第六章11　66頁
6 諏訪春雄訳注：近松門左衛門『曽根崎心中・冥途の飛脚・心中天の網島』KADOKAWA〈平成28年〉128・132頁
7 校注・訳者中田祝夫『新編日本古典文学全集10　日本霊異記』小学館（1995年）
8 校注・訳者馬淵和夫等『新編日本古典文学全集36　今昔物語集②』小学館（2000年）
9 徳田和夫『お伽草子　伊曽保物語』新潮社（1991）19頁
10 校注・訳者大島建彦等『新編日本古典文学全集63　室町物語草子集』小学館（2002年）465・475・390・476頁

おわりに

ここまで、観音が、インド、中国、台湾などで、そして特に日本において、女性・女神として現れることについていろいろな面から述べてきた。

この場合、説話集などでは、観音は女性を救うために女性の姿になって現れることが多いが、『今昔物語集』巻第十六の「石山の観音人を利するが為に和歌の末を付くること第十八」のように、男性を救うために観音が女性として現れる場合もあり、女神観音は援助する人の性別を問わない。しかし、女神観音は、権力者に対してではなく、被権力者、つまり庶民を救うために現れ、いわゆる弱者の側に立つ。そして、女神観音は、天から庶民を引き上げるようにして救うというより、地天が毘沙門天を支えるように、女神観音はわたしたちを支えてくれる。

この女神として見守り援助してくれる観音に頼れば、いまここでの〝生〟を全うすることができるであろう。いま世界は、そして日本も、新型コロナウイルスの感染によるコロナ禍のなかにあり、筆者としては、「観音さま」にいちはやいコロナの退散を祈るばかりである。

なお、本書を上梓するに当り、関根文範氏には編集・校正においていろいろお世話になった。深く感謝する次第です。

小島隆司（こじまたかし）
1941年　東京・小石川生まれ。
東京都立大学工学部卒業。同大学人文学部哲学科中退。
現在、日本石仏協会会員。
主な著作『遊びの哲学』（メトロポリタン出版）

救いの信仰 女神観音
—庶民信仰の流れのなかに—

2021年2月25日　第1刷発行

著　　者　小島隆司
発 行 者　関根文範
発 行 所　青娥書房
　　　　　東京都千代田区神田神保町2-10-27　〒101-0051
　　　　　電話03-3264-2023　FAX03-3264-2024
印刷製本　モリモト印刷

ISBN978-4-7906-0380-1 C0039
＊定価はカバーに表示してあります